토닥토닥
마음 톡

토닥토닥
마음 톡

초판 1쇄 발행 2019년 6월 20일
초판 6쇄 발행 2020년 10월 13일

지은이 웰시(김세은)

펴낸이 이상순 **주간** 서인찬 **편집장** 박윤주 **제작이사** 이상광
기획편집 이세원 박월 **디자인** 유영준 이민정
마케팅홍보 신희용 김경민 **경영지원** 고은정

펴낸곳 (주)도서출판 아름다운사람들
주소 (10881) 경기도 파주시 회동길 103
대표전화 (031) 8074-0082 **팩스** (031) 955-1083
이메일 books777@naver.com **홈페이지** www.books114.net

리듬문고는 (주)도서출판 아름다운사람들의 청소년 브랜드입니다.

ISBN 978-89-6513-557-9 (43180)

이 도서의 국립중앙도서관 출판예정도서목록(CIP)은 서지정보유통지원시스템(http://seoji.nl.go.kr)과
국가자료종합목록구축시스템(http://kolis-net.nl.go.kr)에서 이용하실 수 있습니다. (CIP제어번호 : CIP2019022362)

감정, 관계, 일상에 고민이 많은
십대를 위한 마음 치유서

토닥토닥
마음 톡

웰시 지음

리듬문고

목차

프롤로그 8
등장인물 10

CHAPTER 1

감 정, 내 마음이 왜 이럴까 고민하는 너와

나만 빼고 다 반짝거리는 것 같아 14
토닥토닥 마음 톡 상대적 박탈감이 들 때 26

감정, 마음이 보내는 시그널 30
토닥토닥 마음 톡 감정을 덜 버겁게 마주하려면 42

아무도 알아주지 않을 때 46
토닥토닥 마음 톡 우울, 한 박자 천천히 가기 55

불안, 불편한 동반자와 살아가기 58
토닥토닥 마음 톡 불안한 나를 불안해하지는 말아요 67

완벽주의자의 속내 72
토닥토닥 마음 톡 평범할 수 있는 자유 80

수치심, 모든 버거운 감정들의 뿌리 83
토닥토닥 마음 톡 덜 예민해지기 연습 90

아직 만족할 수 없는 이유 94
토닥토닥 마음 톡 막연한 행복의 파랑새를 쫓고 있나요? 103

관 계, 불편해도 함께이고 싶은 너와

화, 슬픔이 숨 쉴 구멍   108
토닥토닥 마음 톡 강해 보일수록 속은 더 여릴 수 있어요   117

외모 콤플렉스 극복기   120
토닥토닥 마음 톡 매력이 없는 진짜 이유   130

관계의 실타래   133
토닥토닥 마음 톡 저마다의 아킬레스건   145

착한 아이 콤플렉스의 속내   149
토닥토닥 마음 톡 나는 누구를 위해 착하게 사나요?   157

타인의 시선이 불편할 때   160
토닥토닥 마음 톡 사람들은 생각보다 남에게 관심이 없어요   165

상처가 흔적으로 아물기까지   168
토닥토닥 마음 톡 상처를 내 몫으로 가져가진 말아요   178

아빠와 아들   181
토닥토닥 마음 톡 부모의 그림자로부터 벗어나려면   191

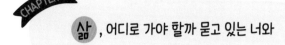

CHAPTER 3

삶, 어디로 가야 할까 묻고 있는 너와

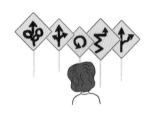

스트레스와 무기력   196

토닥토닥 마음 톡   생각이 너무 많아 고민이라면   208

선택과 결정 장애   211

토닥토닥 마음 톡   가뿐하게 선택하고 덜 후회하는 법   217

진로, 어디로 가야 할까   221

토닥토닥 마음 톡   직업은 작은 도구일 뿐   229

무언가에 깊이 빠져 헤어 나오기 힘들 때   232

토닥토닥 마음 톡   공허한 순간을 어떻게 견디고 있나요?   240

헬조선이 싫어질 때   245

토닥토닥 마음 톡   사춘기 같은 사회 살아 내기   260

경쟁 속에서 위축될 때   264

토닥토닥 마음 톡   뛰어난 소수가 아니어도 괜찮아요   277

살고 싶어서 그랬어   281

토닥토닥 마음 톡   따뜻한 말 한마디   291

아픔, 그 가볍지 않은 무게   294

토닥토닥 마음 톡   어디에 발 딛고 서 있나요?   302

작가의 말   305

프롤로그

첫바퀴 같은 일상에 지쳤어.

경쟁 속에서 미래가 불안해.

남과 비교하며 자꾸 움츠러들어.

나를 사랑하기가 너무 어려워.

소화되지 않는 감정들이 버거워.

무기력한 내 모습에 자괴감 들어.

인간관계는 너무 복잡하고 힘들어.

수군 수군

사람들이 날 어떻게 볼까 두려워.

걱정과 잡생각이 꼬리를 물어 괴로워.

뒤척 뒤척

마음 한구석이 왠지 모르게 공허해.

마음을 챙기는 법에 서투른 대한민국 십대들을 위한
토닥토닥 마음 치유 그림에세이♡

지금 시작합니다

등장인물

강인해 (18, 여)
반장이자 우등생. 조숙하고 똑 부러지는 성격. 싱글맘인 어머니와 단둘이 살고 있으며 어머니의 생활력 강하고 강인한 성품을 닮음.

정마나 (18, 여)
밝고 정이 많아 친구들을 살갑게 잘 챙김. 하지만 외모도, 성적도, 성격도 늘 어중간해서 스스로 특별한 게 없는 것 같아 고민임.

나고운 (18, 여)
조용하고 잘 나서지 않는 성격. 초등학교 때 따돌림 당했던 경험이 상처로 남아 지금도 친구 관계에 소극적이고 자신감이 없음.

구하리 (18, 여)
학교 폭력 사건이 불거져 도망치듯 전학 오게 됨. 다시 친구들을 잃고 소외될까 두려워 적극적으로 자기편이 되어 줄 친구를 구하고 소유하려 함.

금수정 (18, 여)
밖에서 보기에는 풍족하나 안으로는 냉랭하고 엄격한 분위기의 집에서 자람. 삼남매 중 둘째로, 상대방의 눈치를 많이 보고 지나치게 맞춰 주려 함.

모생범 (18, 남)

부반장이자 강인해와 전교 1, 2등을 다투는 모범생. 반듯하고 책임 감이 강하나 외동아들로 자라며 부모님으로부터 성적 압박을 심하 게 받음.

오신나 (18, 남)

반의 분위기 메이커. 활발하고 눈치 빠르며 유머가 넘쳐 친구들에 게 인기가 많으나 가끔 주의가 산만하다거나 관종이라는 말을 듣 기도 함.

섬세한 (18, 남)

댄서 지망생. 거칠어 보이나 속은 여리고 섬세함. 부모님 이혼 후 외할머니와 살게 되면서 위축되어 게임에만 빠져 살았으나 춤을 추면서 밝아짐.

마동식 (18, 남)

운동선수를 꿈꾸다 부상을 입고 방황했으나 극복 후 또래보다 조숙 해짐. 어릴 때 심한 가정불화를 겪으면서 지금도 스트레스를 받으 면 배가 아픔.

부유한 (18, 남)

경제적으로 넉넉하게 자라다가 아버지 사업이 부도나면서 가족 과 떨어져 외국 친척집에서 지냄. 한국으로 돌아왔으나 적응하기 가 쉽지 않음.

CHAPTER 1

감정,

내 마음이 왜 이럴까
고민하는 너와

나만 빼고
다 반짝거리는 것 같아

오늘도 긴 하루였네…

pretty_lee
와… 얜
어쩜 이렇게
이쁘지?
인형 같네.
좋아요 280개
pretty_lee 머리 싹둑! #단발 어색.
댓글 37개 모두보기
youni_*** 여신♥ 뭘 한들 안 예쁘겠어?!
friend_*** 존예
rich_Min
706 게시물
1.2만 팔로워
1,162 팔로잉
메시지
rich_Min
패션 및 미용
#여고생 #패션 # 화장 #명품 #브랜드
YOUTUBER & BLOGGER
youtu.be/teenagermin
헉, 민이
팔로워 수…
aktlWj
수정이넨
외식 자주 하네…
좋아요 35개
aktlWj #주말외식 #레스토랑 #맛집

화면 속 사람들의 세상과 접촉할 때면

오롯이 나만의 몫이 되는…

있는 듯 없는 듯한 존재감,

무채색 같은 일상,

권태,

현실의 무게,

외로움,

가볍지 않은 고민,

그리고 남모를 상처까지.

그런 내 삶이 괜스레
초라해지는 기분 같은 거…!

공허…

하…

상대적
박탈감이 들 때

'SNS 우울증'이라는 말이 있어요. SNS를 많이 하는 사람일수록 그렇지 않은 사람보다 우울감을 더 많이 느끼는 경향이 있다는 건데요. 그 이유가 '상대적 박탈감'에 있다고 해요. SNS를 자주 보다 보면 남들은 다 활기차고 멋진 삶을 사는데 나만 평범하고 별 볼 일 없는 것 같다는 생각에 쉽게 우울감에 빠지는 거죠.

하지만 SNS에 대해 우리가 한 가지 간과하는 사실이 있어요. 사람들은 대부분 자신의 좋은 면만 남에게 보여 주고 싶어 한다는 거예요. 당장 나부터도 그렇지 않나요? 나의 어려운 상황, 부끄럽고 초라하게 느껴지는 경험, 심각한 고민, 약점 같은 것들을 누구나 볼 수 있는 공간에 공유하고 싶은 사람은 없을 거예요. 사실 모든 사람의 삶에는 예외 없이 희로애락과 길흉화복이 뒤섞여 있어요. 그런데 우리가 SNS를 통해 접하는 세상은 어둡고 힘든 면은 쏙 빠지고 밝고 즐거운 면만 부각되는 경향이 있어요. 특히 현실에서의 만족감이 떨어지는 사람일수록 SNS 같은 가상 공간에서 자신을 과시하며 현실의 삶을 보상받으려는 경향이 더 크다고 해요.

그런데 평소에 이런 균형 있는 시각을 잃지 않고 SNS 활동을 하기는 쉽지 않은 것 같아요. 꽤 열심히 자기 나름의 삶을 살아가다가도 다른 사람들의 삶이 비교 대상이 되는 순간 우리 마음은 위축되고 쭈그러들어요. 그리고 이런 상대적 박탈감은 이내 질투라는 감정으로 이어지기 쉬워요. 질투는 그 어떤 감정보다 괴로운 감정인 것 같아요. 질투를 느끼다 보면 누군가를 질투하는 나 자신에 대한 자괴감도 함께 찾아오거든요.

질투는 내가 가지지 못한 것을 남이 가지고 있고, 그로 인해 남이 나보다 인정과 사랑을 더 받는다고 느낄 때 생겨나요. 결국 질투는 대부분 우리가 불안한 존재이기 때문에 느끼는 보편적인 감정이라고 할 수 있어요. 남들보다 뒤처질까 봐, 그래서 살아남지 못할까 봐 갖게 되는 감정인 거예요. 질투의 마음이 들어 괴로울 때 그런 내 모습을 부정하는 대신 불안해하는 내 안의 어린아이를 먼저 다독여 주세요.

더불어 질투를 좋은 원동력으로 승화해서 활용해 보아요. 먼저, '내가 무엇을 부러워하고 있는지' 생각해 보는 거예요. 그것이 노력으로 얻을 수 있는 요소(주로 훈련으로 되는 것들)일 수도 있고 아무리 노력해도 얻을 수 없는 요소(주로 타고난 것들)일 수도 있어요.

만약 노력으로 얻을 수 있는 것이라면 그것은 사실 평소 내가 '간절히 원하던' 무언가일 수 있어요. 뛰어난 어학 실력이라거나, 활기차게 사는 모습이라거나, 사람들과 잘 어울려 지내는 모습이라거나. 그럴 때는 '저 사람도 저 정도에 이르기 위해 뒤에서는 남몰래 피땀을 흘렸을 거야.', '과정 없이 결과만 누리려고 한다면 그건 공짜를 바라는 욕심이야.' 하는 마음을 가지고 그 사람의 이상적인 모습을 원동력 삼아 나도 그 영역을 발전시키기 위해 노력해 보세요.

반면, 노력으로 되는 것이 아닐 때는 그 요소 자체를 부러워한다기보다는 그 요소로 인한 결과물(다른 사람들의 관심 혹은 인정)을 부러워하고 있을 가능성이 높아요. 그럴 때는 맞고 틀림이나 우열의 관점이 아닌 다양성의 관점으로 생각을 빨리 전환하는 게 좋아요. '나와 다른 사람일 뿐이야.', '각자만의 고유한 매력이 있는 거야.', '나는 대신 저 사람에게 없는 것을 가지고 있는걸?' 하고 말이에요. 내가 가지지 못한 것 대신 내가 이미 가진 것들로 시선을 돌리는 거예요.

요즘 '금수저', '흙수저'라는 표현이 많이 쓰이는 것 같아요. 이미 출발 선상에서부터 다르게 시작해 너무 많은 것들을 쉽게 가진 것 같은 사람들과 비교하여 그렇지 않은 나를 자조하여 생겨난 말이지요. 시작부터 압도적인 차이를 마주할 때면 '나와 달라서'라는 말조차 무색하게 느껴질 때가 있지만 그럴 때는 'No pain, No gain'이라는 말을 기억했으면 해요. 쉽게 얻은 것들은 결코 오래 갈 수 없고 반드시 그만큼의 대가가 있어요. 우리 삶은 즐겁고 쉬운 일뿐 아니라 어렵고 힘든 일들이 끊임없이 찾아오는 파도와 같아요. 그런데 이 인생 파도들을 넘어갈 문제해결력과 회복탄력성(어려움을 이겨내는 능력)은 절대 거저 길러지지 않아요. 어려움을 직접 극복하며 성장해 본 사람만이 스스로 서핑(surfing)할 수 있는 탄탄한 근육을 갖게 돼요. 앞으로 그들에겐 그들만의 넘어야 할 파도가 있고 나에겐 넘어야 할 나만의 파도가 있어요. 오늘 당장 나에게 주어진 파도를 넘어가는 데에만 집중하기로 해요.

모두 위로 높아지는데

혼자만 멈춰 있는 것 같다면

옆으로 넓어지고 있는 시간입니다.

감정,
마음이 보내는 시그널

안녕?
난 감정이라고 해!

감정

빼꼼

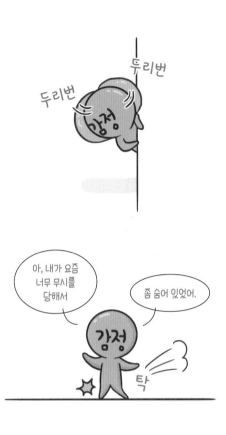

난 인간세계에 온 지 꽤 오래됐어.

내 특징은 상황에 따라서
성향이 달라진다는 거야.

위 아더 월드

근데 사람들은 이런 나를
별로 좋아하지 않는 것 같더라고.

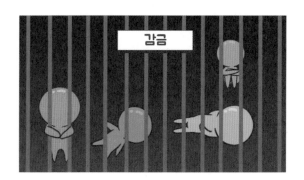

차별대우는 기본에

없는 취급당하거나

쫓겨나고

비난받고

또 비난받아 왔어.

그래도 아이들만큼은
나의 가장 좋은 친구라고 생각했는데

얘들도 크면서 나를 밀어내더라고.

무시당하고

게임 중

강강술래.

더 비참해지는군.

우리끼리라도 놀고 있자…

정신 승리…?

구박받고

성적 망…
아 몰라…

이성

꺼져!

감정

잠깐 나랑
얘기하기로
했지 않았소.

감정을 모자 속에
넣어 보겠습니다!

숨겨지기 일쑤였어.

날아라
이놈아!

네! 감쪽같이
사라졌네요!

무감정 마술

상황에 따라 달라지는 내 성향이 부끄러운지

가면을 계속 씌우더라고.

그래서 그냥 반응 안 하기로 했어.

우리도 감정이 있지.

이거…
진짜 네 거니?

감 정

감정을 덜 버겁게
마주하려면

최근 행복과 성공에 대한 연구를 해 온 많은 학자는 만족스러운 삶을 사는 데에 가장 중요한 요소가 IQ 같은 지적 요소가 아닌 '관계'라고 밝히고 있어요. 그리고 그 '관계'에 가장 중요한 영향을 미치는 것이 '감정'이라고 말하고 있죠. 쉽게 말해, 공부 잘하고 좋은 직장을 갖는 사람들보다 자신과 타인의 감정을 알아차리고 마주할 수 있는 힘을 지닌 사람들이 삶을 더 만족스럽고 행복하게 살더라는 거예요. 하지만 안타깝게도 우리 대부분은 '감정'을 어떻게 마주하고 소화해야 할지 배우지 못하고 자라요.

　감정을 마주하는 법은 성장기에 가까운 사람들(주로 부모)을 보며 자연스럽게 습득해요. 그런데 부모님들의 상당수가 감정을 대하는 법에 미숙해요. 왜냐하면 부모님의 부모님도 좋은 본보기가 되어 주지 못했기 때문이에요. 그렇기 때문에 많은 부모님이 자녀의 부정적인 감정 반응을 마주하면 혼내거나 무시하거나 주의를 돌리기에 급급하답니다.

이런 분위기 속에서 자란 사람일수록 감정 자체를 부적절하거나 해로운 것으로 여기게 돼요. 그래서 우울하거나 두렵거나 화가 나면 이 감정들을 충분히 느끼기도 전에 '우울한 자신에 대한 죄책감', '불안한 자신에 대한 자괴감', '화나는 자신에 대한 부적절감'처럼 감정에 대한 감정이 훅 올라오게 돼요. 이 뒤따라온 감정은 처음 느낀 감정보다 더 강렬하고 위협적으로 느껴지기 때문에 이것을 피하기 위해 앞선 진짜 감정을 안 느낀 척 차단해 버리는 사람들이 많아요. 기분 나빠도 아무렇지 않은 척 가면을 쓰거나 혼자 속에 꾹꾹 담아 두게 되는 거죠.

문제는 그렇게 억압된 감정들은 사라지지 않고 속에서 곪다가 언젠가 부정적인 방식으로 터지게 된다는 거예요. 자기 부적절감과 공감 부족으로 타인과의 교류가 힘들어지거나 본인도 예측 못하는 공격적인 모습이 튀어나와 고립된 사람이 되기도 해요. 결국 감정을 억압하고 숨기며 살다 보면 자기 자신과도, 타인과도 만족스럽게 관계 맺고 사는 게 어려워져요.

그렇다면 우리는 어떻게 감정을 잘 대하고 소화할 수 있을까요? 가장 먼저, 부정적인 감정이 든다고 해서 내 존재까지 부정적인 것이 아님을 알아야 해요. 감정은 인간에게 주어진 지극히 자연스럽고 정상적인 것이라는 인식에서부터 시작하세요. 감정은 날씨처럼, 겉옷처럼 시시각각 변할 수 있는 표면적인 나일 뿐이에요. 그러니 감정과 나 자신을 포장지와 내용물처럼 분리해서 바라보아요. '나는 우울한 존재이다.' 대신 '나는 지금 우울한 감정을 느끼고 있다.'로, '나는 수치스러운 존재이다.' 대신 '나는 지금 수치스럽다는 생각을 하고 있다.'로, '나는 무기력한 존재이다.' 대신 '나는 몸이 무기력한 상태이다.'로 말이에요.

사실 감정은 현재 내 상태를 알아차리게 해 주는 유용한 신호가 될 수 있어요. 예를 들면 우울을 통해 지금 내가 이상과 현실의 괴리 사이에서 웅크리고 있다는 것을, 불안을 통해 내가 회피하고 싶은 무언가로 인해 두려워하고 있다는 것을, 화를 통해 내가 무시당했다고 느끼며 좌절하고 있다는 것을 알아차릴 수 있거든요.

모호한 감정을 세분화해서 그것들에 이름을 붙여 보세요. 사람에게도 이름이 있듯이 감정들에도 고유한 이름이 있어요. 예를 들면 '짜증'이라는 감정도 누군가에게는 무기력일 수 있고 누군가에는 분노일 수 있고 누군가에게는 불안일 수 있어요. 이름 붙인 감정을 말이나 글, 그림으로 충분히 표현해 보세요. 마음 통하는 가족이나 친구에게 이야기해도 좋고 그림이나 일기로 표현해 보아도 좋아요. 충분히 알아차리고 해소된 감정은 흔적 없이 보다 가뿐하게 당신 안에 스며들게 될 거예요.

오늘 당신의 감정 날씨는 어떤가요?

맑음

잔잔

황량함

우중충

바람

태풍

눈보라

아무도 알아주지 않을 때

왜 아무도 내 생일인 것을 몰라줄까…
암울하다.

점심시간이 지나도 아직
아무도 오늘이 내 생일인 걸 모른다.

아… 우울해.
난 인생 헛살았어.

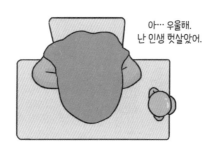

우울, 한 박자
천천히 가기

우울은 '내 몸과 마음이 소모되었으니 회복이 필요한 때'라고 알려 주는 신호와도 같아요. 잠시 웅크려 한 박자 천천히 가라고 알려 주는 자기보호 기능의 일종인 거죠. 따라서 이때는 몸과 마음을 새롭게 하고 재충전하는 것에 집중할 필요가 있습니다.

우울증은 단순히 '정신'에만 국한된 증상이 아니라 '온몸'이 연결되어 나타나는 증상이에요. 예를 들어 호르몬, 계절 변화, 수면과 식사 같은 생활 요인, 사고방식 등이 복합적으로 우울감에 영향을 줍니다. 따라서 우울증의 증상만 일시적으로 빨리 없애려 하기보다는 몸과 마음을 동시에 돌보는 방식으로 꾸준히 개선해 가는 게 좋아요.

가장 먼저 지금 나의 상태를 받아들이는 데에서 출발해 보세요. 내가 지금 '몸과 마음이 지쳐 있으니 회복이 필요한 단계'임을 인정하는 것에서 시작해야 해요. 사실 우울을 겪고 있는 사람들은 보통 우울 증상 자체보다도 우울증에 대한 부적절감(수치심, 자기비난)이나 주변 사람들의 시선 때문에 더 힘든 것 같아요. 그래서 자신이 유약하거나 비정상적인 건 아닌지 자책하기가 쉬워요. 이때 중요한 것은 우울에 대한 인식을 바꾸고 그것을 겪고 있는 자기 자신에 대한 비난을 멈추는 거예요. 혹 가족이나 주변 사람들이 당신에게 냉랭한 시선을 보낸다 해도 당신만큼은 자신의 가장 좋은 지지자가 되어 주세요.

그리고 우울증을 어쩔 수 없는 병으로 바라보며 무기력하기보다는 '잠깐 켜져 있다 언젠가 꺼질 신호'라고 여겨 보세요. 나는 지금 영원히 갇힌 동굴이 아니라 터널 속을 지나는 중이라고, 그러니 아무리 길어도 걷다 보면 언젠가 반드시 출구가 나올 거라고 말이에요.

이에 더해 우울증이란 증상 자체나 그것의 원인을 찾는 일에 너무 매몰되지 않았으면 해요. 물론 심각한 트라우마 같은 게 있었다면 과거를 짚고 넘어가는 일이 필요할 때도 있어요. 그럴 땐 상담 기관이나 주변에 도움을 요청해 보세요. 하지만 보통은 원인을 찾겠다며 혼자 과거를 수없이 곱씹는데, 그 시간이 오히려 우울증을 악화시키는 경우가 더 많아요. 우울한 감정을 만들어내는 생각들은 대부분 '과거'에 집중되어 있거든요. 지나온 과거 기억을 재생산하는 일에 자꾸 에너지를 소모하다 보면 현재를 살아갈 정신적 에너지는 고갈되어서 결국 우울의 악순환에 빠지게 돼요. 내 삶의 에너지가 과거라는 시간에 갇혀 계속 소모되도록 방치하지 마세요. 대신 '그래서 지금 어떻게 대처할지(현재)'를 찾고 '앞으로 원하는 모습(미래)'을 의식적으로 그려 보세요.

　마지막으로 수면과 식사를 규칙적으로 하고, 머리 쓰는 시간(공부, 스마트폰, 생각 등)을 평소보다 줄이고 몸을 움직여 주세요. 산책이나 가벼운 운동같이 몸에 활기가 될 만한 활동을 꾸준히 해 주면 좋아요.

　'한 박자 천천히 가는' 이 시간을 통해 현실과 맞설 수 있는 힘을 충분히 충전할 수 있기를 바라요. 그리고 궁극적으로는 '보다 만족스러운 삶'으로 나아가는 전환점으로 이 시간을 활용할 수 있기를 바라요.

살아가다 또다시 터널이 나온다 해도
너무 놀라지 말아요.

　　　　　그 터널 또한 반드시 지나갈 테니까요.

불안, 불편한 동반자와
살아가기

49분 뒤

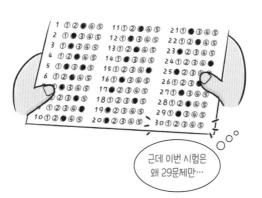

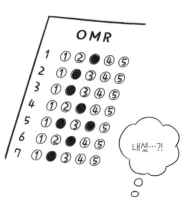

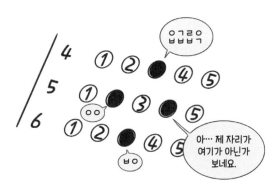

넌

끽끽

망했어.

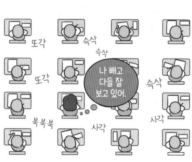

아… 안 돼.

OK! 계획대로
되고 있어~
계획대로
되고 있어~

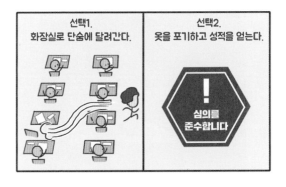

선택1.
화장실로 단숨에 달려간다.

선택2.
옷을 포기하고 성적을 얻는다.

!
심의를
준수합니다

연예다큐 사람이 좋다

마동식(32)/영화배우
그때부터였어요. 똥쟁이라는 별명을 얻은 게…

불안한 나를
불안해하지는 말아요

불안은 원래 '안전하지 않은 일이 일어날 수 있으니 대비하라'는
신호예요. 그래서 적당한 불안은 우리를 위험으로부터 보호하는
순기능을 지니고 있어요. 하지만 현대에는 필요 이상의 '과도한
불안'이 고장 난 경보처럼 시도 때도 없이 오작동해 고역을 겪는
사람들이 많아요. 이렇게 불안도가 너무 높으면 일상생활에서
신경이 늘 과도하게 곤두서 있게 되고 주변의 작은 자극에도 쉽
게 짜증이 납니다.

　사람들은 불안을 마음에서 완전히 없애고 싶어 해요. 불안과
같이 살아가는 게 매우 불편하고 비정상적으로 느껴지거든요.
하지만 이런 우리의 바람과 달리 불안은 애초에 완벽히 제거해
낼 수 있는 감정이 아니에요. 불안은 '예측할 수 없는 인생 파도
속에서 한정된 힘으로 살아가는 존재'인 우리 인간이 필연적으

로 밑바탕에 안고 가야 하는 감정이기 때문이에요. 인간의 평생 동반자와도 같은 감정인 거죠. 따라서 중요한 것은 불안을 완벽히 없애기보다 이 '불안과 잘 지내는 법'을 터득해 가는 것이 아닐까 싶어요.

어떻게 하면 우리 삶에 '필연'이 되어 버린 이 불안이라는 녀석과 잘 지낼 수 있을까요? 먼저 우리 인생은 원래 불완전하다는 것을 인정하는 데에서 출발해야 해요. 내 삶에서 통제할 수 있는 영역(내가 지금 여기서 할 수 있는 것들)과 통제할 수 없는 영역(내가 지금 여기서 할 수 없는 것들)을 분리해 보는 것이 좋아요. 연구자들이 사람들의 걱정거리에 대해 조사한 결과, 걱정의 80%는 일어나지도 않을 일, 18%는 우리 힘으로 어쩔 수 없는 일에 대한 것이었다고 해요. 걱정거리 중 단 2%만이 우리 힘으로 해결할 수 있는 일이었죠. 만약 우리가 평소 걱정하는 데에 쓰는 수많은 에너지를 '내가 지금 할 수 있는 것'에 쏟아 부을 수만 있어도 우리는 삶에 더 집중할 수 있게 되며, 삶 또한 훨씬 간단해질 거예요.

다음으로 내가 정말 두려워하고 있는 게 무엇인지 그 실체를 아는 것이 중요해요. 사실 현대 한국 사회에서 기본적인 의식주를 해결하지 못할까 걱정하는 사람은 그렇게 많지 않아요. 그럼에도 불구하고 불안이 지속된다는 것은 대부분의 불안이 외부 요소보다는 내 안에서 나온다는 것을 의미해요. 불안도가 유독 높은 사람들은 보통 '최악의 상황'을 머릿속에 그리는 경향이 있어요. 내 삶에서 최악의 상황이 일어날 가능성을 실제보다 매우 높게 판단하는 반면 그 상황에 대한 자신의 대처 능력은 아주 낮게 판단해요. 내가 그토록 두려워하는 상황이 정말 내 생각만큼이나 최악인지, 아니면 생각보다 '그럴 수도 있는 일'인지부터 객관적으로 돌아보세요.

예를 들어 시험 불안이 심한 친구들은 보통 성적과 대학 간판이 내 인생의 질을 거의 '전적으로' 결정할 거라는 생각을 가지고 있는 경우가 많아요. 좋은 대학에 못 가면 자신의 인생은 소위 '폭망'할 거라고만 생각하죠. 하지만 우리 인생에는 성적 외에도 무수히 많은 요소가 함께 어우러져 성공이나 삶의 만족도를 결정지어요. 예를 들면 선천적 재능, 정서, 인간관계, 태도, 건강, 기회, 타이밍과 같은 것들이에요. 또한 내가 최악으로 상상하는 상황이 사실 생각보다 별것 아닐 수도 있다는 사실을 직시하는 것만으로도 불안은 많이 완화됩니다.

이에 더해 두려움을 근본적으로 해결하기 위해서는 두려움의 대상이나 상황을 무작정 회피하는 대신 부딪쳐 보면 좋아요. 두려움은 회피하고 있을 때는 도저히 넘을 수 없는 높은 장벽이지만 정작 직면하고 한 번 넘어서고 나면 별 게 아니게 되는 속성이 있어요. 내가 두려워하는 대상이나 회피하고 싶은 상황들을 '그 정도'에 따라 가장 쉬운 것부터 가장 어려운 것까지 리스트로 나열해 보세요. 그리고 난 후, 가장 쉬운 것부터 시도해 보는 거예요. 예를 들어 대인공포증이 있다면 친구에게 가볍게 인사하거나 모르는 사람과 눈 마주치기와 같은 작은 것부터 시작해요. 혹시 실패하더라도 너무 실망하거나 자기 비난으로 몰아가지 마세요. 다시 시도하면 돼요. 절대 할 수 없을 거라고 생각했거나, 최악의 결과를 초래할 거라고 생각했던 것이 의외로 그렇지 않을 수도 있다는 것을 직접 경험해 보세요. 그러다 보면 '생각보다 별것 아니었네!'라고 말하게 되는 것들이 늘어나게 될 거예요.

이 모든 노력에도 불구하고 남아 있는 기본적인 '불안감'에 대해서는 불안 자체에 대한 인식 변화가 필요해요. 우울과 비슷하게 불안 역시 그 자체보다는 '불안에 대한 불안'이 우리를 더 힘들고 괴롭게 하는 경우가 많아요. 자연스러운 불안까지도 '비정상적인 불안'으로 꼬리표를 붙여서 스스로 문제를 키우고 있을 수 있어요. 예를 들어 발표나 시험 같은 긴장되는 상황에 들어가면 심장이 빨리 뛰고 각성되는 신체 반응이 있는 게 당연해요. 하지만 '다들 덤덤한데 나만 왜 이러지?', '이렇게 떨리면 망할 거야.'라고 해석하며 무조건 떨면 안 된다고 나 자신을 통제하려고 하면 불안이 오히려 더 심해져요. 결국 불안에 대한 불안 때문에 정말 시험을 망쳐 버리게 되죠. 차라리 그럴 때 '떨어도 괜찮아.', '더 떨어도 돼.'라고 스스로에게 이야기해 보세요. 그리고 불안 반응이 올라오는 자신을 볼 때 인식을 바꾸어 긍정적인 면들을 생각해 보세요. '지금 이 상황에 잘 대처하기 위해 내 몸이 에너지를 끌어모으고 있구나.' '누구나 이런 상황에서는 긴장하지.' 라고 말이에요. 불안한 나를 불안해하지는 말아요.

불확실성은
다른 말로 무한한 가능성이며,

두려움은
다른 말로 도약의 기회입니다.

완벽주의자의 속내

완벽주의
자가 테스트
(20문항)

※ 해당되는 문항이 많을수록 완벽주의 성향이 강한 것입니다.

1. 주변 사람들은 대체로 나를 계획적이고 자기관리가 철저한 사람으로 본다.

2. 하지만 나의 내면은 늘 남모를 압박감 아래 있어 여유가 없다.

3. 공부나 일 등 어떤 과업을 할 때 지나치게 긴장하거나 예민해진다.

4. 남들에 비해 기준이 높다.

5. 평균 이상의 성과를 내도 스스로에게 잘 만족하지 못한다.

※부족한 것, 흠에 더 눈길이 감.

6. 그래서 나 자신을 심하게 몰아붙이는 편이다.

7. 다른 사람들이 하는 일은 성에 잘 차지 않는다.

8. 나에게는 물질, 성공, 지위가 다른 어떤 가치보다 중요하다.

9. 일의 성패와 타인의 평가에 일희일비하는 편이다.

※자기 가치의 절대적으로 많은 부분을 '능력'에 두고 있기 때문.

10. 모든 것을 서열화해서 바라보는 경향이 있다.

11. 내가 하는 일의 모든 분야에서 최고가 되지 않으면 견디기 힘들다.

12. 실수(실패)나 타인의 지적을 오래도록 곱씹는 편이다.

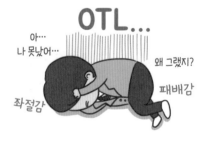

※이상화된 자기 모습을 지키는 것이 매우 중요하기 때문.

13. 이분법적(흑백논리)인 생각을 많이 한다.

14. 완벽한 결정을 내리는 데에 에너지를 과도하게 소모한다.

15. 그러다가 잘 미루거나 무기력해진다.

16. 여러 가지 일을 동시에 처리해야 하는 (멀티태스킹) 상황에 극도로 취약하다.

※한 번에 하나씩만 완벽하게 하고 싶어 함.

17. 뚜렷한 이유 없이 몸이 쉽게 피곤해지거나 아픈 편이다.

※늘 생각 많고 신경 쓰다 보니 나타나는 스트레스성 신체화 증상들.

18. 걱정이 지나치게 많은 편이다.

※불안도가 높아 강한 통제 욕구를 지님.

19. 모험을 최대한 피하고 되도록
익숙한 것 안에만 머물러 있으려 한다.

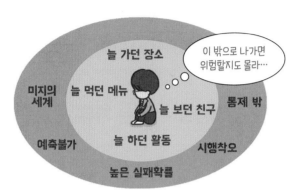

20. 여러 활동이 완수해야 할
의무로만 느껴져 과정을 즐기지 못한다.

평범할 수 있는 자유

보통 완벽주의자들은 '사람들은 완벽한 사람을 좋아할 것이다'라는 믿음을 가지고 있어요. 그런데 정말 그럴까요? 이들의 추측과 달리 사람들은 생각보다 완벽한 사람을 좋아하지 않아요. 대부분의 사람은 잘나 보이지만 다가가기 부담스러운 사람보다는 평범해도 편안하고 친근하게 느껴지는 사람과 어울리고 싶어 하거든요. 완벽주의자들은 보통 대인관계에서도 기준이 높고 경직되어 있는 경향이 있어요. 그래서인지 누군가에게 실력으로 인정은 받을 수 있을지언정 인간적으로 사랑 받기는 상대적으로 어려운 것 같아요. 인간적 교감을 나누기가 어렵다고나 할까요?

　완벽주의의 가장 큰 특징은 남보다 지나치게 기준이 높고 자기 자신을 혹독하게 대한다는 거예요. 하지만 그렇게 열심히 사는 데도 불구하고 본인은 자기 삶에 늘 부족함을 느끼고 불만족하죠. 이런 완벽주의의 뿌리에는 남보다 두드러지지 않으면 가치 없는 존재가 될 거라는 깊은 '불안감'이 자리 잡고 있어요. 마치 '나 좀 알아봐 줘'라고 소리치는 어린아이가 내면에 있는 것과도 같아요. 그러다 보니 탁월한 성취를 이루면 잠깐 특별해진 것 같고 자기 존재 가치가 입증되는 것 같은 기분이 들지만 금세 다시 밑바닥에 숨어 있던 불안이 고개를 들게 돼요.

만약 이런 완벽주의의 굴레로부터 벗어나고 싶다면 스스로 '특별한 존재'여야만 한다는 높은 기준을 내려놓는 것에서 시작하면 좋겠어요. 바꾸어 말하면 '자기 수용'이라고도 부를 수 있을 것 같아요. 특별함에 대한 집착은 자신을 옥죄는 굴레가 돼요. 그 집착을 포기할 때 초라해질 거라고 생각하지만 사실은 그렇지 않아요. 대신 더 반짝이는 자유가 기다리고 있죠. 건강한 자존감은 사실 '평범할 수 있는 자유'로부터 나오기 때문이에요. 오늘부터 스스로에게 이렇게 말해 주세요. '사람이 실수할 수도 있지.', '모든 사람이 다 날 좋아할 수는 없어.', '이 정도면 충분히 잘 했어.'라고요.

또한 이분법적 사고방식을 벗어나 연속 선상으로 바라보는 연습이 도움이 돼요. 우리 삶에는 '성공 vs 실패' 같은 흑백만 존재하는 것이 아니라 연속 선상의 회색지대가 있어요. 그리고 사람들은 대부분 그 중간 지대 어딘가에 분포해 있어요. 모든 것을 양극단으로 바라보던 관점을 의식적으로 퍼센트로 바꿔서 보는 연습을 해 보세요. 예를 들어 평상시 내 기준이 '100% 해내거나 아니면 아예 하지 않기'밖에 없었다면 이제는 90% 하기를 목표로 삼고 10%는 남겨 보는 거예요. 이와 비슷하게 목표를 작게 잡고 쪼개어 하는 연습도 도움이 됩니다. 이뿐 아니라 결과보다 과정에서 의미를 발견하는 연습도 좋아요. 눈에 보이는 성과를 꼭 거두지 못했을지라도 그것을 하는 과정에서 얻은 것들을 떠올려 보고 기록하는 거예요. 하루에 3~5가지씩 목록형 감사 일기를 써 보는 것도 괜찮아요.

물론 한국식 입시 환경 속에서 대부분의 시간을 보내고 있는 당신에게 완벽주의를 내려놓는 일은 쉽지 않을 거예요. 실수 없이 정해진 답을 맞히고 도드라진 성과로 자신의 가치를 증명하기를 요구받으며 매일 살아가고 있을 테니까요. 하지만 적어도 '완벽주의'로 인해 얻고 있는 것뿐 아니라 잃고 있는 것도 함께 저울질해 볼 수 있기를 바라요. 그리고 더 넓고 장기적인 관점에서 보다 자유롭고 만족스러운 삶의 방식을 선택할 수 있기를 응원해요.

한없이 평범한 나 자신도 사랑할 수 있을 때
　　　진짜 나다운 '특별함'을 발견하게 됩니다.

수치심, 모든 버거운
감정들의 뿌리

내가 1등을
놓치다니…!

안 봐도 비디오지. 엄마의 쇼미 더 잔소리…

뭐 이건
일상이긴
하지.

그것보다도… 선생님이,
날 뭐라고 생각할까?

게을러졌구먼.
쯧쯧

부반장이
돼 가지고…

*본인의 머릿속.

친구들은?

*이것도 본인 상상 속.

전지적 모생범 시점

전산오류로
2등이 두 명
찍혔는데

잘못 찍힌 사람이
우리 반 부반장
모생범.

네가 1등이니까
걱정 말고.
축하한다.

아…?

지금까지 난 무엇을 한 거지?

근데 2등이
그렇게 수치스러웠던
이유가 뭐야?

글쎄…
나도 모르겠다.

덜 예민해지기 연습

우리가 버겁게 느끼는 모든 감정의 근원에는 '수치심'이라는 감정이 있어요. 수치심은 '스스로를 부끄러워하는 마음'으로 자기존재 자체를 있는 그대로 받아들이지 못하는 감정이에요. 단순하게 보면 '자존감(자신을 조건 없이 존중하고 사랑하는 마음)'과 반대되는 말이라고도 할 수 있을 것 같아요. 우리에게 심적 고통으로 다가오는 대부분의 표면적 감정들(불안, 우울, 화 등) 아래에는 이 수치심이 두텁게 자리 잡고 있어요.

　수치심이 강한 사람일수록 사소한 것에도 쉽게 예민해져요. 남들의 시선을 지나치게 의식하고, 지는 것을 견디지 못하고, 지적이나 비난에 상처를 크게 받아요. 과도하게 꼼꼼하고 잡생각이 많고, 자기 비하를 많이 하다 보니 쉽게 불안해지거나 우울해져서 기분이 자주 불안정해요. 또 환경 변화에도 예민해서 남들보다 적응 에너지가 많이 들어요.

이런 사람들을 보고 주변에서는 흔히 '예민한 성격'이라고 묘사하며 다가가기 조심스러워 해요. 하지만 그 누구보다 가장 괴로운 것은 자기 자신이에요. 예민하다 보니 몸도 잘 아프고 관계적으로도 원활하게 지내기 어려운 데다 본인 역량보다 학업이나 일의 성과가 떨어지는 등 일상생활에서 실제적인 어려움을 광범위하게 겪기 때문이에요.

그런데 한번 생각해 보면 좋겠어요. 이런 예민함은 타고난 것일까요, 후천적으로 형성된 것일까요? 물론 타고난 기질의 영향도 일부 있을 수 있어요. 이 경우 '섬세한 기질'을 타고났다고 할 수 있을 것 같아요. 하지만 섬세한 기질은 전체 인구의 20% 정도에 불과할뿐더러 자극을 좀 더 민감하게 캐치하고 풍부한 감수성으로 반응하는 예술가에 가까운 특성을 가리킬 뿐, 우리가 위에서 묘사한 성격 특성과는 거리가 있어요.

예민한 성격은 '취약한 몸과 마음'이라고 표현하면 더 정확하지 않을까 해요. 똑같은 상황을 마주해도 몸과 마음이 보통 사람들보다 예민하게 반응하는 사람들인 거예요. 이것은 타고난 것보다는 후천적으로 습득되는 면이 더 커요. 그런데 이것을 '성격'이라고 표현하다 보면 마치 타고난 거라 어쩔 수 없고 평생 변화가 불가능한 것처럼 오해하기 쉬운 것 같아요. 취약한 몸과 마음(예민한 성격)은 부모, 가족, 주위 사람들 등으로부터 자연스럽게 보고 배움으로써 습득하게 되는 경우가 많아요. 예외적으로 트라우마가 될 만한 충격적 경험 후 급격히 예민한 성격이 되는 경우도 있기는 해요.

후자는 일단 제쳐 두고 만약 전자의 경우라면 '일부러 반대로 행동해 보기' 연습을 권해요. 예를 들면 비난이나 무시당하는 것에 극도로 예민한 사람이라면 일부러 비난받거나 무시당해 보기, 깔끔함이나 질서에 지나치게 예민한 사람이라면 일부러 지저분하게 행동하거나 질서를 깨뜨리고 살아 보기, 지는 것을 너무도 굴욕적으로 느끼는 사람이라면 일부러 져 보기, 남에게 조금이라도 폐를 끼칠까 봐 소심해진 사람이라면 일부러 남에게 폐 끼쳐 보기, 늘 참기만 하던 사람이라면 일부러 감정표현과 할 말 해 보기 등 자신이 고수해 온 삶의 방식과 정반대로 살아 보는 거예요.

이것은 무조건 반대편 성격이 더 좋다거나 반대편 성격으로 바뀌어야 한다는 의미가 아니에요. 예민함과는 반대되는 '둔감함'을 연습함으로써 그동안 익숙하게 굳어져 온 삶의 방식에 반동을 주기 위함이에요. 내가 극도로 예민하게 여기며 회피하려던 상황들을 정작 몇 번 겪어 보면 별것 아니었음을 알게 되거든요. 그러면 자연스럽게 그 영역들에 대한 긴장이 풀리게 돼요. 반대로 만약 너무 둔감해서 문제인 사람이라면 예민함을 연습해보는 것도 도움이 되겠죠? 이런 과정을 통해 보다 유연한 성격으로 균형을 맞춰 갈 수 있습니다.

몸이 머리를 따라가는 것보다

　　　　　머리가 몸을 따라가는 쪽이 더 쉬워요.

　　　　　　원하는 변화가 있다면

　　먼저 행동하고 몸을 움직여 보세요.

아직 만족할 수 없는 이유

빨리 크면

마음대로 다
먹을 수 있을 텐데…

마음대로 다
가질 수 있을 텐데…

빨리 학교에 가면

형아들처럼
친구 많아질 텐데…

언니처럼
나도 공부할 텐데…

빨리 대학만 가면

재밌는 게 가득할 텐데…

자유를 만끽할 텐데…

빨리 졸업만 하면

시험도 과제도 없고
좋을 텐데…

돈도 많이 벌고
좋을 텐데…

빨리 직장만 생기면

더 바랄 게 없을 텐데…

세상 부러울 게 없을 텐데…

빨리 승진만 하면

한숨 돌릴 텐데…

빨리 결혼만 하면

삶에 활기가 생길 텐데…　　안정감이 생길 텐데…

빨리 자식만 생기면

완전한 가족이 될 텐데…　　더 행복할 텐데…

빨리 애들만 크면

사는 게 가뿐해질 텐데…　　좀 살 만할 텐데…

빨리 기반만 잡히면

걱정 없이 누릴 텐데…

빨리 은퇴만 하면

여유 있고 좋을 텐데…　　　　편하게 좀 살 텐데…

젊음만 다시 돌아온다면

좀 다르게 살아 볼 텐데…

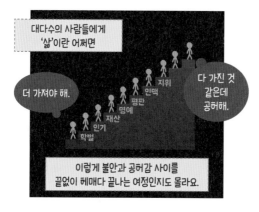

막연한 행복의 파랑새를
쫓고 있나요?

외적으로 충분히 많은 것을 가진 사람들조차 절망감 속에서 스스로 생을 포기하는 일들이 종종 일어나요. 이처럼 아마 인간에게 가장 절망적인 순간은 자신이 간절히 원했던 것들을 다 가져도 여전히 공허하다는 사실을 체감하게 되는 때가 아닐까 싶어요. '무엇'을 갖지 못해 불행한 거라고 믿을 때는 그 '무엇'을 채우기 위해 무작정 열심히 달려요. 그것만 가지면 만족스러운 삶이 될 거라고 확신하면서요. 하지만 그것을 이루고 나서도 여전히 심적 갈증이 채워지지 않는다고 느낄 때, 그제야 그동안 쫓았던 것들은 허상일 뿐이었음을 깨닫게 돼요. 그리고 그때 비로소, 삶의 의미가 뭘까 하는 질문을 심각하게 마주하게 됩니다.

이 질문에 답하기 위해 '욕구'와 '욕망'을 구별하는 것은 정말 중요한 일인 것 같아요. 욕구와 욕망은 어떻게 다를까요? 먹기,

자기, 입기 같은 기본적인 '욕구'들이 해결되지 않으면 우리 생존이 위협받아요. 하지만 더 잘 먹기, 더 잘 자기, 더 잘 입기 등과 같은 수많은 '욕망'들은 결코 우리의 생존을 위협하지는 않아요. 이런 '욕망'은 대부분 비교와 상대적 박탈감으로부터 와요. 그럼에도 불구하고 우리는 '욕망'이 해결되지 않으면 생존할 수 없다는 착각 속에서 살아갈 때가 너무 많아요. 문제는 그 '욕망'에 끝이 없다는 것이에요. 마치 독이 깨진 항아리에 물을 붓는 것과 같죠. 열심히 채우지 않은 게 문제가 아니라 '처음부터 채워질 수 없는' 독이라는 것이 문제인 거예요.

이것은 '불편'과 '불행'을 비교해도 알 수 있어요. 좋은 집, 좋은 차, 좋은 학벌, 좋은 직장, 좋은 인맥 등 이런 것들이 없으면 사회에서 살아갈 때 그것들을 가진 사람들에 비해 분명 '불편'한 건 사실이에요. 하지만 이것이 꼭 모두에게 '불행'이 되는 것은 아니에요. '불편'의 요소들은 반드시 나의 주관적인 해석을 거쳐 '불행'으로 바뀌기 때문이에요. 혹시 지금 자신의 삶에 만족하지 못하고 있다면 그것은 욕망 때문인가요? 아니면 욕구 때문인가요? 지금 내가 겪고 있는 것은 불편인가요? 아니면 불행인가요?

그렇다고 모든 상황을 마냥 정신승리로 이겨 내고 현재 상황에 안주하자는 것은 아니에요. 다만 끝없는 욕망 속에서 불행의 이유들만 바라보다 끝나는 인생은 되지 않았으면 좋겠어요. 불행을 잡는 일은 마치 모래사장 위에서 모래알을 줍는 것처럼 너무도 익숙하고 쉬운 일이거든요. 수많은 불편의 상황 속에서도 '그럼에도 불구하고' 불행하지 않은 이유들을 찾아보세요. 그럴 때 비로소 '소소하지만 의미 있는 행복(소의행)'을 매일 맛보며 살아갈 수 있습니다.

사람: 사람에게서 가장 놀라운 점은 무엇입니까?

신: 어린 시절이 지루하다고 서둘러 어른이 되는 것,

        그러고는 다시 어린 시절로 되돌아가길 갈망하는 것.

        돈을 벌기 위해 건강을 잃어버리는 것,

        그러고는 건강을 되찾기 위해 돈을 다 잃는 것.

        미래를 염려하느라 현재를 놓쳐 버리는 것,

        그리하여 결국 현재에도 미래에도 살지 못하는 것.

        결코 죽지 않을 것처럼 사는 것,

        그러고는 결코 살아본 적이 없는 것처럼 무의미하게 죽는 것이다.

- 나짐 히크메트, 〈신과의 인터뷰〉 중 -

CHAPTER 2

관 계,

불편해도
함께이고 싶은 너와

화, 슬픔이 숨 쉴 구멍

난 내가 별로 마음에 들지 않는다.

그래서 항상 마스크와 후드를 쓴다.

더운 날씨에도 아랑곳하지 않는다.

물건을 살 때도 신경 쓰인다.

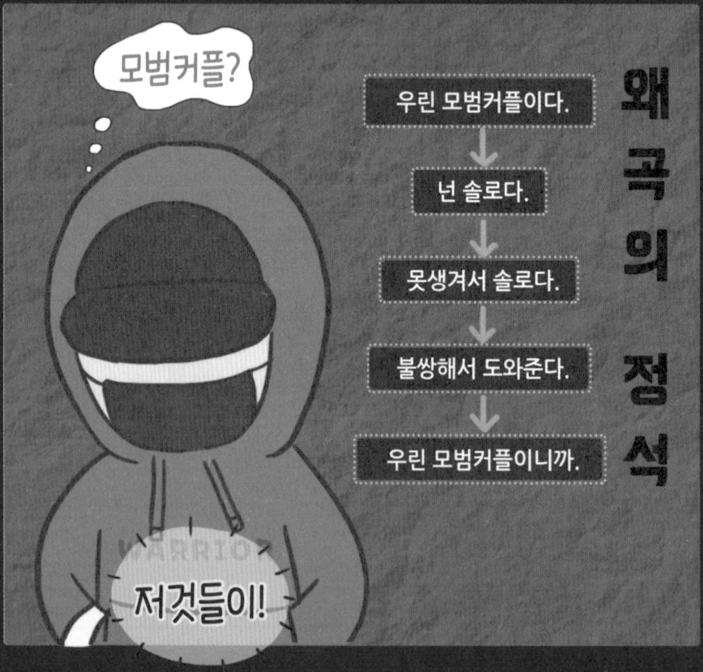
모범커플?
우린 모범커플이다.
넌 솔로다.
못생겨서 솔로다.
불쌍해서 도와준다.
우린 모범커플이니까.
왜곡의 정석
WARRIOR
저것들이!

아 열 받아!
내가 지갑 찾아 줘서 참았다!

혼자 열폭 중.

캉캉

분노

(총알 팍!)

이런 날에는 배그나 한판.

앗! 시작하자마자… 악!!

나: Help!
팀원1: 벌써..ㅉㅉ
팀원2: 너무 멀어요ㅆㄹ
팀원3: 버려버려

이 새퀴들이…

화르르르

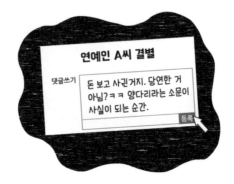

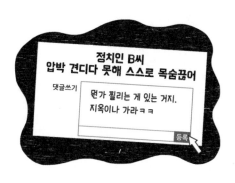

정치인 B씨
압박 견디다 못해 스스로 목숨끊어

댓글쓰기

먼가 찔리는 게 있는 거지.
지옥이나 가라ㅋㅋ

등록

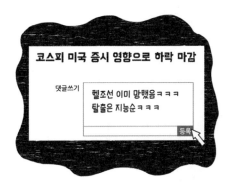

코스피 미국 증시 영향으로 하락 마감

댓글쓰기

헬조선 이미 망했음ㅋㅋㅋ
탈출은 지능순ㅋㅋㅋ

등록

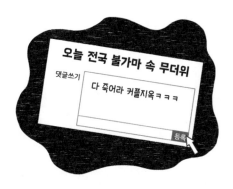

오늘 전국 불가마 속 무더위

댓글쓰기

다 죽어라 커플지옥ㅋㅋㅋ

등록

강해 보일수록
속은 더 여릴 수 있어요

화라는 감정은 보통 '저 사람이 날 무시하나.'라는 주관적 해석을 거쳐 일어날 때가 많아요. 자기 속에 깊숙이 담아 뒀던 결함의식이나 무능력감이 건드려졌을 때 올라오는 감정이죠. 다시 말해 화의 뿌리에는 내 존재가 거부당했다는 슬픔과 수치심이 자리 잡고 있어요. 그러니 너무 쉽게 자주 화를 내는 사람은 사실 속이 무척 여린 사람일 가능성이 높아요. 낮은 자존감과 여린 속내를 고슴도치 같은 가시들로 숨기고 있는 거라고 할까요?

그러니 상대방이 화를 낸다고 해서 '저 사람이 지금 날 비난하네.' 하며 그 문제를 내 것으로 가져오는 대신 '지금 저 사람은 자기가 무시당했다고 느끼나 보다.' 하고 그 사람의 아픔으로 바라봐 주는 게 필요해요.

특히 폭언이나 폭력은 핏대를 세워 가며 슬픔과 좌절감을 표현하고 있는 것과도 같아요. 자기감정을 어떻게 분출하고 표현하면 되는지 배워 본 적이 없기 때문이에요. 그들은 가까운 롤 모델(주로 부모)로부터 자기감정을 공격적으로 표현하는 모습만 보고 자란 경우가 많아요. 문제는 그 표현 방식이 다른 사람들에게 위협적이다 보니 주변 사람들을 밀쳐 내는 결과를 초래한다는 거예요. 속으로는 상대에게 다가가고 싶지만 방법이 미숙하니 본심이 또 거절당하게 될 수밖에요. 그러다 보면 더 고립되고 무시당하는 느낌이 들어 화가 심해지는 악순환이 이어져요. 만약 주변에 폭력을 쓰는 사람이 있다면 그 행위 자체에 대해서는 (신고 등의 방법으로) 단호하게 대처하되 숨겨진 마음을 봐 주세요. '나쁜 행위'와 그 사람이라는 '존재'를 분리해서 바라봐 주세요.

혹시 나 자신이 쉽게 상처받고 화가 많은 사람이지는 않나요? 평소 내 감정이 속에서 곪지 않도록 의식적으로 관리해 주어야 해요. 속에 쌓인 감정들은 방에 몰아넣고 방치해 버린 쓰레기와도 같아요. 누군가 그 문을 열게 되면 뒤엉킨 감정 쓰레기들이 악취를 풍기죠. 이는 타인이 만들어 낸 악취가 아니에요. 대부분 내 안에 이미 존재하던 악취를 타인이 열어 본 경우죠.

이렇게 얘기하다 보면 화라는 감정에는 도저히 좋은 점은 없을 것 같지만 놀랍게도 화에도 순기능도 있답니다. 화를 통해 내 안의 열등감과 취약한 부위를 발견하고 돌보는 기회를 가질 수 있어요. 상처가 쓰리고 아파야 약 바를 생각을 하듯이 나에게 예민한 특정 주제가 발견되면 그 부분을 회복하는 기회로 삼을 수 있어요. 그리고 화를 통해 서로의 마음을 확인할 수도 있어요. 서로가 서로에게 무관한 존재가 아니라는 것, 사실은 서로에 대한 기대와 애정이 있는 관계라는 것을요. 이에 더해, 정당한 화를 통해 우리는 부당한 것으로부터 자신을 보호하고 세상의 불의에 의분을 갖고 저항할 힘을 가질 수 있어요. 정말 화가 나야 할 부당한 상황에서 화나지 않고 담담하기만 하다면 오히려 그것이 더 문제일 거예요. 어떤 문제의식이 보이고 그것에 대해 화가 난다면 그것을 개선하는 것이 내가 앞으로 해야 할 일이 될 수도 있어요.

무시당하는 것을 너무 두려워하지는 말아요.
　　구겨진다고 지폐의 값어치가 변하는 것이 아니듯
　　남이 무시한다고 가치 없어질 내가 아니니까요.

외모 콤플렉스 극복기

내 이름은 섬세한.
난 어릴 때부터 외모 콤플렉스가 심했어.

세모난 얼굴형 때문에 초등학교 때부터
별명이 항상 사마귀였지.

중학생이 되고 여드름이 얼굴을 덮은 후론

별명도 같이 업그레이드됐어.

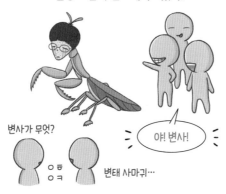

변사가 무엇?

ㅇㅎ ㅇㅋ

야! 변사!

변태 사마귀…

비교 대상까지 너무 가까이 있어
더더욱 스트레스였어.

좋은 건
형아 몰빵

위매~ 한 배에서
나온 것들이 뭐시 이래
다르노.

자연히 자신감도 하락하고

엄청 예민해지면서
살도 급격히 불어났어.

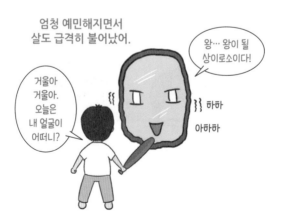

그래도 여드름은 꾸준히 관리하니 많이 나아졌고

살도 댄스 동아리 들어간 후로 팍팍 빠졌는데

문제는 이렇게 생긴 얼굴은 답이 없다는 거였어.

타고난 얼굴은 내가 봐도 용서가 안 됐지.

하지만 콤플렉스랑 싸우려 들면 들수록
나는 점점 더 피폐해져 갔어.

그러던 어느 날, 티비를 보는데…

어느 채널에선가

아이돌 중에는 저처럼 외모 콤플렉스를 가진 친구들이 많아요.

나도 콤플렉스가 있다

연예인이란 직업의 특성상 화려한 외모의 사람들을 자주 보는 데다

대중의 평가에 항상 노출되어 있어서 그런 것 같아요.

외모에 대한 자신감도, 콤플렉스라는 것도
정말 주관적이라는 걸 그때 깨달았지.

여신같이 완벽한 사람들한테도 콤플렉스가 있다고…?

행복하기만 할 줄 알았는데…

그래도 난 잘생긴 얼굴로 한 번만 살아 보고 싶다.

근데 반대로 오징 씨는 본인을 정말 예쁘다고 생각한다는

발언을 하신 적이 있다고 하는데 어떻게 된 건가요?

사실 전 외국에서 자라선지 못생겼다는 직접적인 말을 한국 와서 처음 들었어요.

나는 내가 참 예쁘다

사람들이 다들 절 '못생긴 모델'이라고 부르더라고요.

그래도 저는 스스로를 못생겼다고 여기거나 부끄러워하지 않아요.

신기

와 저 자신감은 어디서 나오는 거지?

그냥 한국의 미의 기준이 너무 획일적이라고 생각했어요. 그래서 제 개성과 매력을 몰라주는 것일 뿐이죠.

하얗고 쭉쭉 뻗은 바나나가 최고!!

난 살이…

난 얼굴 색이.

난 몸매가 별로

난 몸집이 너무 커

난 너무 평범해

난 피부결이 안 좋아.

난 너무 작아

난 얼굴형이…

난 주근깨가 많아서…

그리고 솔직히 제 눈엔, 타인을 외모로만 평가하고
함부로 말하는 사람들이 오히려 더 못나게 느껴져요.

하하하 쟤
생긴 거 봐.
다시 태어나야겠네?

쯧쯧…
와 저래 살꼬.
진짜 불쌍한 건
느그들이지.

물론 그런 말을 들을 때
유쾌하진 않죠.

연예인 속풀이 TALK

나는 내가
참 예쁘다

하지만 타인이 함부로 내 가치를
결정짓도록 허용하진 않으려 해요.

그런 것들은 반드시 저의 최종 허가를 거친 후에만
제 마음에 침범할 수 있는 거니까요.

희망이 생겼어.

캬~~~아!
명언이네!!!
대박이다.

멋지다.
저 사람…

가만 생각해 보니 내 주변만 봐도…

리더십

*키는 제일 작지만 카리스마 있는 경우

미소, 성격

*안 예뻐도 인기 많은 주하

분위기메이커

*웃기게 생겼지만 재밌고 편한 회호

그때부터 나도 내 콤플렉스를 개성으로 인정하고 매력으로 승화하기 시작했지.

좀-앉어!

그럼 난 앞으로 사마귀계의 별이 되겠어!!

폴짝

그 후로 이 형님은 이렇게나 멋지고 당당한 사람이 되었단다, 얘들아.

이것도 나의 중딩 적 이야기.

뭐래.

네가 물어봤냐?

미안.

매력이 없는
진짜 이유

'세기의 미녀'라고 불렸던 유명 여배우들이 세월이 흘러 할머니가 된 모습을 취재한 기사를 본 적이 있어요. 전 세계적으로 미인으로 인정받았던 이들이지만 고운 피부나 오똑한 코, 아리따운 눈매, 매끈한 몸매는 더 이상 찾아볼 수 없었어요. 하지만 놀라운 것은 각 사람이 지닌 특유의 인상과 미소는 그대로 남아 있더라는 것이었어요. 외모 그 자체는 세월이 흐르면 낡아 버릴 가죽에 불과하지만 그 사람에게서 풍기는 분위기는 오래도록 간직된다는 것을 느낄 수 있었어요.

외모가 중요하지 않다는 건 아니에요. 사람들은 일단 외모로 상대의 첫인상을 파악하니까요. 하지만 외모가 전부는 아니에요. 훨씬 더 중요한 것들이 있죠. 우리가 누군가와 관계를 계속 이어 갈지 말지는 첫인상(외모)이 아닌 그 사람의 성격, 태도, 인격, 분위기 같은 것들을 보고 결정해요. 아무리 예쁘고 잘생겨도 풍기는 느낌이 냉담하고 차갑다면 별로 매력적이지 않잖아요. 처음에는 잠깐 관심이 갈지라도 곁에 계속 두기에는 금방 부담스러워져요. 하지만 반대로 첫인상이 좀 별로더라도 그 사람에게서 건강한 자신감과 친근한 미소와 배려 깊은 태도 같은 인간적인 매력이 풍겨 나온다면 곁에 오래도록 두고 싶게 돼요.

만약 사람들이 나를 무시하거나 불편하게 대하는 것 같다면 그것은 내 외모가 못나서가 아니라 그로 인해 지나치게 위축되어 있는 소극적이고 방어적인 나의 태도 때문일 가능성이 더 커요. 혹시 정말로 외모 때문에 나를 놀리거나 무시하는 사람이 있다고 해도 그것은 엄밀히 말해 내 문제가 아니라 그 사람의 인격이 문제인 거고요. 그러니 중요한 건 내 자신부터가 스스로에게 상처 입히지 않는 것이에요. 막연한 콤플렉스 때문에 무작정 자신을 비하하거나 위축되어 있지는 않았으면 해요.

아무리 화려한 포장지를 사용해도 공허하고 자신감 없는 내면은 결코 가려지지 않아요. 타인의 눈을 만족시키기 위한 '외모 가꾸기'도, 획일적인 기준에 따라 스스로에게 가격표 붙이는 일도 오늘부터 멈추기로 해요. 대신 내 개성과 가치를 인정해 주세요. 나다울 수 있는 편안함과 거기서 나오는 자신감이 가장 유니크한 아름다움이니까요!

외모는

잠깐의 호감을 얻게 하지만

내면은

오랜 진심을 얻게 합니다.

관계의 실타래

같은 반인 우리 셋은 항상 붙어 다닌다.

자리도 가깝고 성격도 잘 맞아
그럭저럭 잘 지내 왔다.

그러던 어느 날,
우리 반에 새 친구가 전학 왔다.

밝고 적극적인 성격인 하리는

나를 유독 따르고 좋아했다.

사실 내 친구들이 점점 그 아이를 별로
좋아하지 않는 것 같아 중간에서 난감했지만

마음 열고 다가오는 그 아이를
뿌리칠 수 없었고

점점 나도 하리가 좋아져
자리가 바뀐 후에도 단짝친구처럼 가까워졌다.

그러던 어느 날,

무심코 지나가듯, 다른 무리 친구와 있었던
속상했던 일을 꺼낸 적이 있는데

그런데 며칠 뒤 아침, 학교에 가니

어쩐지 교실 안 분위기가 싸~했다.

그날 야자 시간,

내 자리에 두툼한 편지 봉투 하나가 올려져 있었다.

수정아, 나 하리야. 이번 일로
너에게 상처 줘서 정말 미안해…

사실 나… 예전 학교에서 같이 놀던 애들한테
따돌림당해서 도망치듯이 여기로 전학 오게 됐어.

네가 좋았던 건 진심이었어.
그동안 잘 챙겨 줘서 너무 고마웠어.

하지만 네 친구들이 날 싫어하는 것 같아서
계속 옆에 같이 있을 수 없겠단 생각에 불안했어.

처음엔 여기 무리 애들이랑 친해지고
싶은 마음에 별생각 없이 그런 건데

이렇게까지 일이 커질 줄 몰랐어.

정말 미안해… 하지만 내가 한 짓이 드러나면
다시 혼자 남겨질까 봐 너무 무서워.

제발 부탁이야. 이번 일 한 번만
눈감고 넘어가 주면 안 될까?
앞으로 이 무리에서 쥐 죽은 듯이 살게.

배신감　　　　　　분노

비겁해.

자기 살겠다고
난 이렇게 죽일 X
만들어도 되는 거야?

회의감

그동안 우정이라
생각했던 건 다 뭐지?

에휴… 근데 얘도
얼마나 처절했으면
이렇게까지…

그래도 난
다른 애들이랑
놀면 되는데…

회피인지 관용인지 스스로도
모를 시간이 흘러갔고

결국 오해를 풀지 못한 채
그 일은 흐지부지 지나가고 말았다.

저마다의 아킬레스건

똑같은 교실에 있어도 누군가에게는 그곳이 즐겁고 유쾌한 곳인 반면, 누군가에게는 삭막하고 차가운 곳으로 느껴질 수 있어요. 이 둘의 차이를 낳는 가장 큰 요소는 그곳에서 종일 '어떤 사람들과 어떻게 지내고 있는지'인 것 같아요. 만약 마주치기 껄끄럽거나 나를 힘들게 하는 사람과 한 공간에 있어야 한다면 매일 그곳에 가야만 하는 게 큰 고역일 거예요. 사실 어른들도 직장생활 스트레스의 가장 큰 비중을 차지하는 게 바로 인간관계라고 말해요. 결국 사람 간의 '관계' 문제는 우리가 평생 씨름해야 할 과업이 아닐까 하는 생각이 들어요.

그래도 인간관계로 마음이 괴로울 때 일단 '내 영역'과 '상대방 영역'을 분리해서 생각해 보면 조금은 덜 복잡하게 느껴진답니다.

먼저 내 영역부터 살펴보세요. 혹시 내 안의 상처나 열등감 부위가 건드려져서 힘든 건 아닌지 돌아보는 거예요. 상처나 열등감은 빛을 굴절시키는 프리즘과도 같아서 상대방의 말과 행동을 실제보다 증폭하거나 왜곡해서 받아들이게 만들어요. 그래서 내 안의 어떤 취약 부위(아킬레스건)가 건드려질 때 마음이 쉽게 상해요. 상처 주려고 의도하지 않은 악의 없는 말과 행동들까지도 일일이 상처로 끌어안게 되기 때문이에요. 예를 들어, 스스로 똑똑하다고 생각하는 사람에게 너 머리 나쁘다고 놀리면 발끈할 이유가 없을 거예요. 오히려 별스럽지 않은 농담처럼 흘려보낼 수 있겠죠. 하지만 안 그래도 머리 나쁜 게 콤플렉스인 사람에게 장난으로라도 머리가 나쁘다고 놀리면 상처가 돼요. 취약 부위라는 것은 누군가에겐 가난일 수도 있고, 누군가에겐 부모일 수도 있고, 누군가에겐 성적이나 외모, 성격, 혹은 또 다른 무언가일 수 있어요. 내 안에는 어떤 취약 부위가 있나요?

다른 한편으로는 상대방의 마음을 같이 봐 주세요. 나도 그렇듯 다른 사람들에게도 각자 만의 취약 부위가 있어요. 보통 그 부위를 건드렸을 때 슬픔은 화로, 두려움은 비겁한 태도로 표현돼요. 만약 어떤 친구가 비슷한 상황들로 여러 사람과 반복적으로 갈등을 겪는 모습을 보인다면, 그 친구가 스스로 해결해야 할 상처나 열등감이 있을 가능성이 높아요. 나는 아무 뜻 없이 한 말이나 행동에 상대방이 지나치게 예민하게 반응하는 것 같아 이해가 안 될 때도 마찬가지예요. 그럴 때는 그 친구가 '나 지금 아킬레스건이 건드려져서 아파'라고 소리치고 있는 것이라고 이해하면 관계의 실타래를 풀기가 한결 쉽답니다.

한편으로는 이 모든 방법으로도 마음이 소화하기 어려운 '고약한' 사람을 만나 속상할 때도 있어요. 부조리한 권위자(선생님)나 도저히 말이 통하지 않는 친구일 수도 있어요. 그럴 땐 그냥 길 가다 개똥을 밟은 상황처럼 생각하는 것도 마음에 응급처치가 될 수 있어요. 똥을 밟았다고 해서 내가 왜 이걸 밟았는지, 무슨 색인지, 무슨 냄새인지 깊이 생각하며 주저앉아 있진 않잖아요. 잠시 놀라긴 하겠지만 이내 발에 묻은 것을 털어 내고 가던 길을 계속 가면 돼요.

살면서 어떤 사람들과 마주치게 될지, 그들이 나를 어떻게 대할지는 내가 선택할 수 없어요. 하지만 그것에 어떻게 반응할지만큼은 내가 선택할 수 있어요. 그러니 상황과 타인이 함부로 내 마음(감정과 생각)을 결정짓도록 내버려 두지 말아요. 내 마음은 타인에게 함부로 침범당하도록 방치해서는 안 될 소중한 것이니까요.

돌과 돌이 수없이 부딪혀
매끄러운 조약돌이 되듯

사람과 사람도 부딪히며
둥글게 깎여갑니다.

착한 아이 콤플렉스의 속내

착한 아이
콤플렉스
(20문항)

※ 해당되는 문항이 많을수록
착한 아이 콤플렉스가 강한 것입니다.

1. 모두에게 사랑받기 위해 애쓴다.

2. 타인에게 과도하게 친절하게 굴거나 저자세로 대하는 편이다.

3. 착하지 않으면 사랑받을 수 없을 것이라는 생각이 있다.

4. 기분이 나빠도 최대한 괜찮은 척한다.

포커페이스의 귀재

안면근육   부글부글   파르르

※항상 명랑한 척하거나
무덤덤하고 아무렇지 않은 척한다.

5. 의사결정 시 내가 더 끌리는 게 있더라도 표현하지 않고 다른 사람의 의견을 따른다.

우리 영화 뭐 볼까?

'말랑한 연애' 어때?

난 로코 좋아해. 넌?

그래! 나도 좋아! 그거 보자!

난 SF랑 스릴러 좋아하지만…

6. 다른 사람이 무리한 부탁을 해도 싫은 티를 내거나 거절하지 못한다.

그거 독후감 수행평가 나 좀 빌려주라.

응… 그래. 여기!

전에도 빌려 가서 거의 똑같이 베껴 놓고;;

YES걸

7. 부탁을 거절하면 미안한 마음이나 죄책감이 든다.

8. 타인에게 맞춰 주지 않으면 나를 싫어하거나 떠날 것 같아 불안하다.

※버림받음에 대한 두려움 때문에 자신의 감정이나
욕구를 드러내는 일을 위험한 것으로 여기는 심리.

9. 남의 것을 챙겨주다 정작 내 것은 놓치거나 뒤에서 혼자 버거워한다.

10. 정작 자신이 타인의 도움을 필요로 할 때는 선뜻 부탁하지 못한다.

※상대방도 자신처럼 부담스럽거나 싫어도
표현하지 못할 거라고 가정하기 때문.

11. 할 말을 못 해서 답답할 때가 많다.

12. 상대방이 화를 내거나 나를 막 대해도 아무것도 하지 못한다.

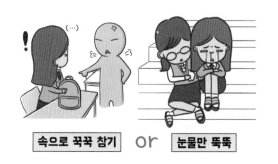

※상대방이 조금만 불편해 보여도 자신과 결부시켜 생각하는 경향.

14. 내가 잘못하지 않은 일인데도 갈등이 생길까 두려워 먼저 사과한다.

15. 갈등이 없어도 인간관계 자체에 피로감을 크게 느끼는 편이다.

16. 타인에게 맞춰 주다가 나 자신이 없어지는 것 같은 느낌이 자주 든다.

17. 뭔가 항상 손해 보는 것 같은 느낌이 든다.

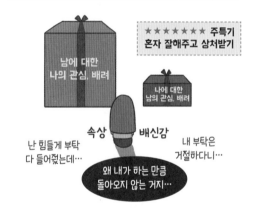

18. 사람들에게 쉽게 상처받는다.

19. 어디에도 적이 없는 편이다.

평화주의자

무난한 평판   **갈등 없음**

20. 하지만 내 편도 딱히 없다고 느낀다.

외로움

진짜 내 모습으로
허물없이 대할 수 있는
친구는 없어…

나는 누구를 위해
착하게 사나요?

'착한 아이 증후군(Good Boy Syndrome)'은 타인의 마음에 들기 위해 자신의 감정과 욕구를 억제하면서까지 지나치게 노력하는 것을 가리켜요. 착한 아이 증후군을 지닌 사람들은 대인관계를 맺을 때 자신이 타인에게 착하게 행동하고 있는지, 타인도 자신을 좋은 사람이라고 생각하는지 끊임없이 눈치를 봐요. 그래서 위축된 말과 행동을 하게 되고 내면에 자유와 만족감이 없어요.

이들은 겉으로는 타인과 갈등 없이 원만하게 지내는 것 같아 보이지만 사실은 충분히 친밀한 관계를 맺지는 못하는 경우가 많아요. 일단 그들은 내가 하는 만큼 나를 배려하지 않는 것 같은 사람들을 보며 쉽게 마음이 상해요. 자신은 타인에게 맞추기 위해 에너지를 엄청나게 쏟는데 남들은 그렇지 않으니 항상 자신만 희생하고 손해 보는 것 같아 억울하기 때문이에요. 하지만 냉정하게 이야기하면 이는 아무도 요구한 적 없는 희생을 스스로 해 놓고 자신만큼 희생하지 않는다는 이유로 상대방을 나쁜 사람으로 만들고 밀어내는 일이지요. 게다가 자기 내면의 소리는 무시한 채 외부의 기대에만 부응하는 삶을 살다 보니 점점 자기 자신이 없어지는 것 같은 허기진 외로움까지 갖게 돼요. 결론적으로 '자기다운' 인생도 살지 못할뿐더러 타인과도 형식적이고 피상적인 관계에만 머무르게 됩니다.

착한 아이 증후군의 짐을 내려놓고 싶다면 다음 질문들을 스스로에게 던져 보면 좋겠어요. 먼저 나는 '착하다'는 것을 어떻게 정의 내리고 있나요? 그리고 과연 나는 누구를 위해 그것을 고수해 왔나요? 정말 그 사람을 위해서인가요? 아니면 미움 받을까 불안한 나 자신을 위해서였나요?

냉정하게 이야기하면 착한 아이 증후군은 '모두에게 좋은 사람으로 남으려는 욕심'일 수 있어요. 모든 사람에게 '좋은 사람'으로 남기 위해 '진짜 나'의 속내를 숨긴 채 상대방과 관계 맺는다면 이것은 정말 착한 것일까요? 진짜 '착함'은 나를 위해 남에게 무조건 맞추는 것이 아닌, 자신의 의사를 분명하게 표현하며 때로는 갈등도 하고 때로는 나쁜 사람도 되면서 상대와 대등하게 관계 맺는 모습이 아닐까요?

나의 감정과 욕구를 무시하지 말고 적절하게 드러내는 연습을 해 보세요. 만약 내가 그렇게 할 때 정말 나를 싫어하거나 떠나는 친구들이 있다면 그들을 진정한 친구라고 보기는 어려워요. 이와 반대로 적절한 한계 내에서 나를 드러냈을 때 여전히 나를 하나의 인격체로 인정하고 좋아해 주는 친구들도 분명히 있을 거예요. 그들과 좋은 친구가 되어 가면 돼요. '갈등' 속에서도 '불편함'을 기꺼이 감내할 때 비로소 진정한 친구 사이가 될 수 있습니다.

편하지만 혼자인 삶.
불편해도 함께인 삶.

익숙한 쪽보다는 좋은 쪽을 택해요.

타인의 시선이 불편할 때

있잖아… 이건 나만 아는 비밀인데…

사람들이랑 같이 있을 때 말이야…

나는 정말 긴장이 많이 돼.

특히 나에게 이목이 집중되는 건 최악이야.

제일 고역스러운 건 남들 앞에 서야 할 때야.

그 쏟아지는 시선들이 나를 삼켜 버릴 것만 같거든.

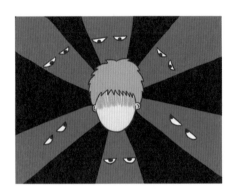

마치 무대 위에 발가벗겨져
서 있는 것 같은 기분이랄까…

긴장하지 말아야지 다짐해도 소용이 없어.

매번 몸이 먼저 굳어 버리니까.

이런 내가 너무 바보 같아서

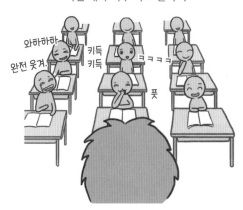

어디로든 도망치고 싶은 기분이 들어.

어릴 땐 그냥 부끄러움이 많은 정도였던 것 같은데…

왜 이렇게까지 소심해진 걸까…?
나도 잘 모르겠어. 답답해.

사람들은 생각보다
남에게 관심이 없어요

남의 시선을 지나치게 의식하는 사람들의 공통점 한 가지가 있어요. 바로 강한 '자의식'이에요. 조금 더 정확하게는 '자기초점적 주의'라고 불러요. 즉 나 자신이 어떻게 보일지에 대해 주의가 과도하게 집중되어 있는 것을 가리켜요. 다른 사람과 같이 있을 때 상대방의 눈에 비치는 나 자신의 모습에 지나치게 주목하고 있는 거예요. 사실은 자기 자신이 스스로를 엄격하게 검열하고 있는 것인데 타인의 시선도 그럴 것이라고 단정하는 거죠.

이렇게 자의식(자기초점적 주의)이 높은 사람들은 기본적으로 타인과 함께 있을 때 좋은 모습만 보이려고 해요. 심지어 '원래의 자신보다 더 나은 모습'처럼 보이려고 애써요. 그러다 보니 에너지 소모가 클 수밖에 없어요. 연예인이 무대에 서려면 긴장하며 혼신의 힘을 짜내야 하듯이 사람들과 있을 때 가면을 쓰게 되기 때문이에요.

이럴 때 남들이 나에게 생각보다 관심이 별로 없다는 사실을 아는 것만으로도 마음이 많이 편해져요. 사람들이 나의 시시콜콜한 것까지 주목하고 나에 대해 생각하고 기억할 것 같지만 그것은 지극히 자기중심적인 생각일 뿐이에요. 사람은 기본적으로 모두 자기중심적인 존재예요. 내가 대부분의 시간을 남보다는 나 자신에 대해 생각하며 보내듯이, 다른 사람들도 다들 자기에 대해 생각하고 자기가 어떻게 보일지 고민하기에 바쁘다는 의미예요. 생각보다 사람들은 나에 대해 큰 관심이 없어요.

물론 남들이 내 일에 참견한다거나 내 뒷담을 하는 등 나에게 관심을 가지는 것처럼 느껴질 때도 있어요. SNS의 내 게시글에 '좋아요'나 댓글 같은 반응들이 올 때도 그런 착각에 빠지기 쉬워요. 하지만 그것 역시 그들에게는 잠깐의 인사치레나 호기심 또는 지나가는 구경거리 정도에 불과한 경우가 대부분이에요. 만약 예외적으로 나에게 '진짜 관심'을 가진 사람들이 있다면 그들은 비난이 아닌 '애정'으로 나를 바라봐 주는 진정한 '내 사람들'일 거예요. 그러니 타인의 시선을 지나치게 의식하게 되어 힘들다면 스스로에게 이렇게 이야기해 보세요. "너 그렇게 대단한 사람 아니야." "아무도 너한테 관심 없어." "다 자기 살기도 바빠." 사람들이 나에게 관심이 많다는 착각이 벗겨지기만 해도 마음이 한결 가벼워질 거예요.

그리고 마지막으로, 혹시 나를 향한 사람들의 말이 비난으로 느껴져 자꾸 대인관계를 피하게 된다면, 그 말들이 다음 중 어느 쪽에 해당하는지 속으로 분류하는 연습을 하면 좋아요. 그것이 나에게 '상처 주려고 악의로 퍼부어진 말'인지, '뜻 없이 내뱉어진 말인지', 아니면 '관심과 애정은 있는데 잘 몰라서 서투르게 표현된 말'인지를 분류해 보세요. 가만히 관찰하다 보면 사람들이 하는 말 중엔 일부러 악의적으로 내뱉은 말보다는 별 뜻 없는 말이나 잘 몰라서 서투르게 내뱉은 말들이 훨씬 많아요. 이것들을 구분할 수 있게 되면 사람들과 어울려 지내는 게 전보다 확실히 편해질 거예요.

타인의 시선으로부터
자유로워지고 싶다면

먼저 나의 시선으로부터

나를 풀어 주세요.

상처가 흔적으로
아물기까지

깊은 상처 안에 오랜 시간 갇혀 있었다.

평생 벗어날 수 없을 것 같았다.
6년 전 그때 그 기억으로부터…!

오래전 같지만

나에겐 여전히 생생해서

내 안의 어린아이는
그 시간에 멈춰 서서 울고 있었다.

2년 넘게 상담받고 약도 먹었지만

몇 번이나 죽지 못해 꾸역꾸역 살았다.

그렇게 버텨 오던 어느 날,

불현듯 궁금해지더라.

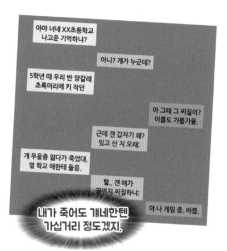

172

그런데 그때, 예전에 듣고
무심코 넘겼던 말이 떠올랐다.

머리를 한 대 얻어맞은 것 같았다.

처음으로 사무치게 억울한 마음이 들더라.

그때, 그 속에서 빠져나와야겠다고 독하게 마음먹었다.

더 이상 외롭지 않기로.

아직도 가끔은 그 기억들이
날 사로잡으려 할 때가 있고

그럴 때면 온갖 두려움과 싸워야 하지만

그래… 역시…

그때마다 되뇌려 한다.

나는 그때 힘없는 아이일 뿐이었고

그래도 이렇게 잘 자라 왔으니

앞으로도 그럴 거라고!

상처를 내 몫으로
가져가진 말아요

생각보다 많은 사람들이 어린 시절 따돌림당한 경험이 있어요. 그리고 그 경험을 말하는 것만으로도 또 한 번의 꼬리표가 붙게 될까 봐 두려웠다고 말해요. 꽁꽁 숨기느라 더 힘들고 외로운 시간을 보낸 거죠. 혼자만의 아픔이라고 생각해서, 그리고 그 아픔의 원인을 '내가 못나서'라고만 생각해서 말이에요.

따돌림뿐만이 아니에요. 우리가 지닌 대부분의 마음의 상처는 관계적인 아픔으로부터 생겨나요. 사람은 혼자 살아갈 수 없는 사회적 존재라고 하잖아요. 그러니 친밀해야 할 가족과의 관계, 친구들과의 관계에서 거부당하고 심지어 해까지 입게 되면 그 스크래치는 무척이나 깊고 쓰라려요. 은둔형 외톨이처럼 누군가에게는 더 이상의 모든 대인관계를 포기하고 평생 방 한 칸에 혼자 숨어 들어가 지내고 싶을 만큼 지울 수 없는 상처로 곪아 버리기도 해요.

반대로 가해 경험이 있는 사람들과 이야기하다 보면 생각보다 '별생각 없이' 그 일을 저질렀다는 사실에 많이 놀라게 돼요. 피해자에게는 평생 지울 수 없는 상처로 남게 되는 수많은 사건이 정작 가해 당사자들에게는 '철없던 시절에 저질렀던 가벼운 장난' 정도의 일이라니 황당하고 화가 나지요. 하지만 바꾸어 말하면 엄청난 마음(악의)을 쏟으며 일어난 따돌림이나 폭력은 생각보다 많지 않더라는 이야기이기도 해요. 사실 피해자가 정말 못나서가 아닌 가해자들의 미숙함(공감 능력 부족과 감정 조절력 부족)이 원인인 사건들이 대부분인 거죠. 그리고 그 가해자는 과거에 또 다른 가해자의 피해자였던 경우가 대다수라는 점도 안타까워요.

분명한 건 상처는 치료하면 아물고, 치료하지 않으면 곪는다는 거예요. 치료된 상처는 흉터는 남겠지만 잘 아물고 나면 더 이상 통증을 느끼지 않고 지낼 수 있게 돼요. 반대로 치료되지 않고 방치된 상처는 마치 패혈증처럼 처음에는 작아 보여도 점점 악화되어 생명을 위협하는 수준까지 번질 수도 있어요. 상처를 적시에 치료하는 데 가장 중요한 것은 '내가 왜 그 상처를 입었는지' 곱씹지 않는 것이에요. 나를 다치게 한 상대방의 가시가 얼마나 날카로웠는지, 그 가시를 피하지 못한 내가 얼마나 모자랐는지 계속 되뇌는 동안 정작 내 상처는 방치되어 곪아 가니까요.

몸은 자랐지만 마음은 어두운 감옥 속에 갇혀 버린 나를 너무 늦지 않게 그 속에서 나오게 해 주세요. 그렇다고 그게 마음처럼 빨리 되지 않는다고 자책하지도 말아요. 관계의 상처를 오롯이 나의 몫으로만 가져가면 내 안에 갇혀 버리게 돼요. 그래서 자책은 내 안의 어린아이를 두 번 죽이는 것과 같아요. 그저 그 속에 너무 혼자 있지는 않았으면 좋겠다고 얘기해 주고 싶어요. 당신이 조금 덜 외로웠으면 좋겠어요.

내가 정말 용서해야 할 사람은
　　　　　　타인이 아닌 나 자신입니다.

아무것도 하지 못했던 나를
이제는 죄책감과 수치심에서 놓아 주세요.

아빠와 아들

어린 시절, 내 작은 세상 속
가장 큰 존재였던 아버지.

그런 아버지와 점점 멀어져 간다.

함께 있기 어색하고

어쩌다 가끔 마주해도.

일방통행만 되어 버리는 관계

아버지의 기대에 차지 않는
못난 아들인 것 같아

무거운 자괴감이 나를 짓누른다.

세상 어디에서도 어깨를 펼 수 없을 것 같은… 그런 기분!

다다르기엔 멀고 가까이하기엔 부담스러워진 이름.

아.버.지.

첫 아이인 녀석이 세상에 나왔을 때,
세상을 다 얻은 것처럼 기뻤다.

한 생명을 책임져야 한다는 부담에
그만큼 어깨가 무거워지기도 했지만

고달픈 사회생활도 가족을 위해 버텨 냈다.

그렇게 정신없이 달리다 보니
어느새 아들은 내 키만큼 훌쩍 자라 있었다.

하지만 그만큼 자기만의 세상도
함께 커져 버린 아이에게

이제는 선뜻 다가가기가 서먹하다.

그래도 서투르게 다가가 보지만

듣는 둥 마는 둥 고개만 푹 숙인
녀석의 모습에 이내 머쓱해진다.

녀석이 점점 나를 피하고 멀리하는 것 같아

때로 위축되고 자괴감도 든다.

아빠도 상처받는다.

세상살이가 원래 다 어렵다지만
그중에 제일은 아마도 부모가 되는 일.

아빠들의 속마음 톡

우리 아부지도 이런 기분이었을까…?

누군가 우리에게 좋은 부모가 되는 법을
가르쳐 주었더라면…!

다가가기엔 조심스럽고 손 내밀기엔 먼 이름.
자.식.

사실은 나도 자식에게
살갑고 좋은
더 나은 아비이고 싶다.

부모의 그림자로부터
벗어나려면

속으로 부모님을 많이 원망하며 지냈던 시간이 있었어요. 하지만 방황의 시간을 지나고 나서 알게 되었어요. 우리 부모님도 불완전한 한 인간이자 누군가의 자식이라는 것을요. 부모이기 이전에 완벽하지 않았던 누군가의 자식으로 태어나 크고 작은 스크래치를 마음에 입고 살아온 '나와 같은 한 사람'일 뿐이었다는 것을요. 그럼에도 불구하고 어느 순간 몸은 자라 어른이 되어 자식인 나를 떠안아야 하는 두려운 부모의 자리에 서게 되었을 거예요.

부모의 입장을 전혀 모른 채 상처 입은 자아 안에 나 자신을 가둬 두는 동안 변하는 것은 아무것도 없었어요. 과거를 탓하고 상대방을 탓하며 가만히 있을 때는 부모도, 나도, 아무도 바뀌지 않거든요. 대신 원망과 화로 내 인생만 파괴되고 있을 뿐이었죠.

부모님은 나보다 더 오랜 시간을 살아온 분들이에요. 나도 나를 깨기가 힘든데 더 오랫동안 지금의 신념과 성격을 굳혀 왔을 부모님이 그것을 깨는 것은 거의 불가능에 가깝다는 걸 알게 됐어요. 결국 내가 고를 수 있는 선택지는 애초부터 둘 중 하나였던 거예요. 부모를 원망하며 나도 무의식적으로 똑같은 실수들을 되풀이하거나 나라도 변해서 다르게 살거나.

그때부터 내 안의 원망을 모두 버리기로 작정했어요. 그 시작은 부모님을 '불완전한 한 사람'으로 바라보고 연민하는 시선을 가지는 것이었어요. 표현이 서투른 건 나를 사랑하지 않아서라는 추측도 일단 내려놔 보기로 했어요. 그러자 불완전한 존재로서 서투른 방식의 사랑을 줄 수밖에 없었을지라도 그분들의 한계 내에서는 최선을 다하셨던 것이라고 어느 순간부터 믿게 됐어요.

이에 더해 마음에 대해 공부하고 많은 사람들을 만나면서 더더욱 잘 알게 되었어요. 세상에는 완벽한 부모도, 결핍 하나 없는 자식도 없더라는 것을요. 물론 세상에는 정말 악의적으로 자식을 심각하게 학대하는 부모들도 간혹 있어요. 너무 슬프고 안타까운 일이죠. 만약 이런 경우라면 자신에게 유익한 환경을 스스로 개척하는 게 필요해요. 나를 둘러싼 환경이 나를 만드는 건 맞아요. 하지만 그 환경을 내가 만들어 갈 수도 있어요. 요즘은 인터넷이 발달되어 나의 롤 모델이 될 만한 사람을 찾고 그들과 접

촉하는 것이 전보다 훨씬 수월해졌어요. 어떤 방법으로든 나에게 긍정적이고 도움이 되는 환경을 적극적으로 조성해 가기를 응원해요.

중요한 것은 원망 속에 내 자아를 가둬 두지는 말자는 거예요. 내 속에 원망을 지니고 있는 한 '부모 이상의 삶'을 절대로 살수 없어요. 결국 원망은 내가 그토록 닮고 싶지 않았던 부모의 모습을 똑같이 복제한 어른으로 자라나게 하는 강력한 씨앗이 되기 때문이에요. 이보다 슬픈 일이 또 있을까요?

부모를 불완전한 '한 인간'으로 바라보세요. 그리고 부모가 내게 남긴 결핍과 저주들을 곱씹는 대신 '그럼에도 불구하고 내게 준 것들에 대한 감사'에 초점을 맞춰 보세요. 그것이 '생명' 딱한 가지만일지라도 좋아요. 작은 원망이라도 남겨 두지 않기로 마음먹을 때, 그리고 부모가 바뀔 수 없다면 나라도 먼저 바뀌어야겠다는 용기를 낼 때, 그때에야 비로소 부모의 그림자로부터 벗어나 진짜 내가 바랐던 삶을 살아갈 수 있게 됩니다.

작은 원망도 담아두지 않는 연습.

그 누구도 아닌 바로 나 자신을 위해서입니다.

CHAPTER 3

삶 ,

어디로 가야 할까
묻고 있는 너와

스트레스와 무기력

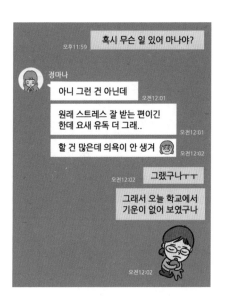

특징1. 무기력, 무의욕

특징2. 현실 도피적 행동 급증

※무언가로부터 일시적인 위로라도 얻고 싶은 마음.

특징3. 깊은 자괴감

※그러나 시간 낭비한 것 같고 후회가 더 큼.

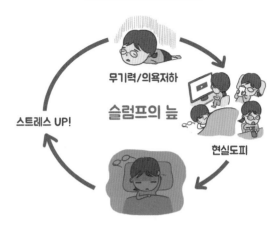

무기력/의욕저하

슬럼프의 늪

스트레스 UP!

현실도피

정마나
헉 소-오름!!!
오전 12:08

지금 나랑 레알 붕어빵ㅋㅋ
오전 12:08

오전 12:08 ㅋㅋ

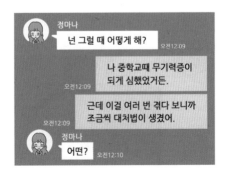

정마나
넌 그럴 때 어떻게 해?
오전12:09

나 중학교때 무기력증이
되게 심했었거든.
오전12:09

근데 이걸 여러 번 겪다 보니까
조금씩 대처법이 생겼어.
오전12:09

정마나
어떤?
오전12:10

일단 슬럼프가 오면 내 상태부터
냉정하게 진단해 보려고 해.

나는 지금 둘 중 어느 쪽이지?

소진(burn-out)된 건가?

너무 달려서 에너지가
고갈된 상태.

아니면 그냥 현실도피 중인가?

딱히 열심히 한 것도 아닌데
의욕이 안 생기는 상태.

소진된 쪽이라면 일단 충전부터 해 줘야지.

(※대신 건강한 방법으로!)

에너지 바닥　　EX. 멍 때리기/빈둥거리기/운동/혼자 여행하기.

근데 보통은 현실회피 중일 때가 더 많더라고.
그럴 땐 원인을 먼저 찾아보는 거야.

나 지금 뭐 때문에
이렇게 의욕이
떨어진 거지?

난 슬럼프가 올 때마다 이유를 곰곰이
생각해 보고 리스트로 적어 봤어.

※추가적인 이유가 있을 때 목록을 늘려 가는 식으로.

그렇게 한동안 적다 보니까
나만의 카테고리 같은 게 만들어지더라고.

불분명한 목표나 동기의 부재
(하고 싶은 게 뭔지, 이걸 왜 하는지 모를 때)

과욕과 조급증
(내 역량에 비해 목표가 너무 높아 엄두가 안 날 때)

구체적인 계획의 부재
(당장 뭐부터 손대야 할지 막막할 때)

미루기 습관
(할 건 많은데 미루다가 쌓였을 때)

타인과의 비교
(더 뛰어난 사람들과 비교하며 위축될 때)

쓸데없는 걱정 폭탄
(실패에 대한 두려움으로 상상 에너지를 많이 소모할 때)

지지해 주는 피드백의 부재
(열심히 해도 인정받지 못할 때)

스스로 빠지기 쉬운 덫을 알게 되면
평소에 조심할 수도 있고 대처법도 금방 찾을 수 있어.

예를 들어 과욕과 조급증이 원인이라면
현실적인 수준으로 목표를 적당히 낮추고

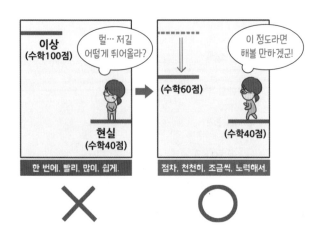

뭐부터 손대야 할지 막막한 거라면 큰 그림을
작은 그림으로 쪼개서 구체적인 계획을 세워야겠지.

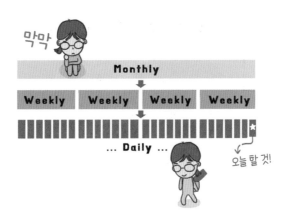

자꾸 미루는 습관 때문에 실행이 안 된다면
한숨 쉴 시간에 일단 뭐든 시작해 보는 거야.

사람들의 많은 걱정을 조사해 본 결과

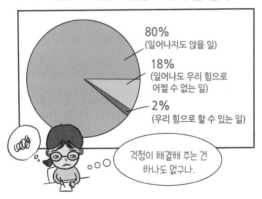

2%
(우리 힘으로 할 수 있는 일)

18%
(일어나도 우리 힘으로
어쩔 수 없는 일)

80%
(일어나지도 않을 일)

걱정이 해결해 주는 건
하나도 없구나.

그리고 시행착오를 겪으면서
갖게 된 슬럼프에 대한
나만의 원칙도 2가지 있어! ㅎ

오전12:24

정마나
오! 그게 뭔데?

오전12:25

슬럼프 자체를

원칙1. 슬럼프 자체를 너무 유별나게 대하진 말 것!

원칙2. 슬럼프일 때는 중요한 결정을 내리지 말 것!

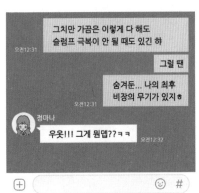

정마나
악ㅋㅋㅋㅋㅋ그게 뭐야ㅋㅋ
급 사이비 스멜이..ㅋㅋㅋ

오전12:33

두고봐라ㅋㅋ
오전12:34

나중에 너도 하고 있다에 한표ㅋㅋ
오전12:34

은근 효과있음ㅋㅋ
오전12:34

정마나
아마도ㅋㅋㅋ
오전12:35

암튼 인해야! 완전 고마워!!
오전12:35

아냐, 고민 생김
언제든 얘기해♥♥
오전12:35

정마나
웅 너두!! 히힛
오전12:35

푹 자구~ 낼 봐!
오전12:35

오전12:36

생각이 너무 많아
고민이라면

스트레스가 심하고 슬럼프를 잘 겪는 사람 중에는 생각이 과다한 경우가 많아요. 이들은 '하는 건 딱히 없는데 이상하게 잘 피곤하다'는 말을 흔히 해요. 가만히 들여다보면 겉으로는 하는 게 별로 없는 것 같아도 머리로는 에너지를 굉장히 많이 소모하고 있는 거예요. 아무것도 하고 있지 않아도 머릿속에선 끊임없이 잡생각을 하는 거죠. 뭔가를 하고 있을 때조차 그 일에 집중하기보다는 머리로는 딴생각을 하고 있는 때가 많아요. 그런데 그 생각이라는 것의 대부분이 '지금 여기'의 현재보다 반드시 과거에 대한 후회나 미래에 대한 걱정으로 귀결된다는 것이 문제예요. 그러다 보니 현실을 버텨 낼 힘이 다른 곳에 소모되어 기력저하나 피로감을 호소하게 돼요.

이럴 때 일부러 생각을 줄여 보려 해도 잘 되지 않아요. 그래서 억지로 생각을 멈추기 위해 TV를 보거나 컴퓨터나 스마트폰을 하는 게 사람들이 흔히 쓰는 방법이에요. 그러면 잠깐 괜찮아지는 것 같거든요. 하지만 쉬는 거라고 착각하기 쉬운 이 활동도 사실은 현실이 아닌 가상현실에 머리를 계속 쓰고 있는 것이기 때문에 오히려 기력을 더 떨어뜨리는 꼴이 돼요. 커피나 에너지드링크, 아니면 단것을 먹으며 기력을 충전해 보려고도 하지만 이 또한 잠깐 힘이 나는 것 같은 착각이 들 뿐 별 효과가 없어요. 결국 '과부하 → 무기력 → 부적절한 해소법 → 더 과부하 → 더 무기력'의 악순환이 이어지게 돼요.

이렇게 현실에 맞닿아 있지 않은 과다한 생각 때문에 기력이 떨어지고 피로하다면, 의도적으로 머리 쓰는 비율을 줄이고 몸 쓰는 비율은 늘리는 것이 도움이 돼요. 예를 들어 컴퓨터나 스마트폰 사용을 최소화하고 대신 하루에 잠깐씩이라도 산책이나 운동을 하는 거예요. 이때는 생각을 비우고 몸의 감각이나 주변 환경(경치, 소리, 촉각 등)에 집중해 보세요. 공부할 때도 생각으로만 하는 것보다 소리를 내거나 자기 목소리를 녹음해서 듣거나 친구에게 가르쳐 주는 방식으로 하면 좀 더 활기 있게 할 수 있어요. 감정 표현을 늘리는 것도 큰 도움이 돼요. 감정은 생각이 아닌 몸을 사용하는 뇌 활동이에요. 그래서 머리로(의식으로) 감정을 참는 대신 슬프면 울고 좋으면 웃고 부당할 땐 화를 내는 식으로 감정표현에 솔직해지다 보면 피로감이 줄고 기력이 생겨요. 이에 더해 나만의 주문을 만들어 생각을 멈추는 훈련도 강력히 추천해요. 예를 들어 꼬리에 꼬리를 무는 잡생각으로 괴로울 때 '생각 그만!'이라고 속으로 또는 소리 내 외치며 생각을 끊는 거예요. 생각이 다시 올라오면 다시 외쳐요. 꾸준히 연습하다 보면 잡생각을 줄일 수 있게 돼요.

모든 버거움과 무기력감은

'지금',

'여기서',

'내가'

할 수 있는 것

이상을 하려고 할 때 찾아옵니다.

선택과 결정 장애

선택(결정) 장애
자가 테스트
(10문항)

※해당되는 문항이 많을수록
선택(결정)에 어려움을 겪고 있는 상태입니다.

1. 무언가를 결정하기까지 시간과 에너지를
지나치게 많이 쏟는 편이다.

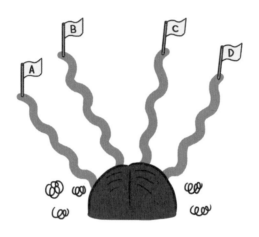

2. 선택(결정)을 제때 하지 못해
피해를 보거나 기회를 놓치는 편이다.

9. 우유부단하거나 답답하다는 말을 주변에서 듣는 편이다.

왜 이렇게 줏대가 없어.　　　　그냥 대충 고르지.

10. 어떤 선택을 하고 나서도 잘 결정한 건지 자꾸 돌아보게 된다.

가뿐하게 선택하고
덜 후회하는 법

'인생은 B(Birth)와 D(Death) 사이의 C(Choice)'라는 말이 있을 만큼 우리는 살면서 크고 작은 선택 상황들을 마주해요. 사소하게는 뭘 살지부터 크게는 어떤 학과에 가고 어떤 직업을 선택할지같은 문제까지 다양하죠. 그런데 이런 선택과 결정을 스스로 하는 데에 어려움을 느끼는 사람들이 요즘 많아지고 있어요. 이들을 가리켜 '선택 장애' 또는 '결정 장애'라는 신조어까지 생겨났을 정도예요.

사실 이런 결정 장애가 전적으로 개인의 성격 탓이라고만 이야기할 수는 없을 것 같아요. 현대 사회는 선택의 폭이 너무 넓어 우리 뇌를 혼란스럽게 만들어요. SNS와 수없이 쏟아지는 광고 탓에 자신이 선택하지 않은 것들을 접하며 비교할 기회도 많아요. 게다가 시행착오나 실패를 잘 용납하지 않는 사회 분위기도 결정 장애에 일조해요. 불안한 부모들은 자녀들이 스스로 해야 할 선택까지 대신해 주어 자녀들이 '스스로 선택하고 책임지는' 연습을 할 기회를 박탈해요. 이런 환경 속에서 선택과 결정을 버겁게 느끼는 친구들이 있다면 지금부터라도 다음 네 가지 팁을 참고해 가뿐하게 선택하고 덜 후회하는 연습을 해 보세요.

첫째로, 고민도 비용이라는 것을 기억하세요. 지나친 신중함은 오히려 선택의 만족감을 떨어뜨려요. 너무 많은 '고민 비용'을 치를수록 '내가 이렇게까지 힘들게 결정한 건데' 하며 보상 욕구가 커지기 때문이에요. 엄밀히 말해 과도하게 고민만 하다가 선택하지 못하는 것 자체도 하나의 선택이라고 할 수 있어요. '아무것도 하지 않기' 또는 '(결정 자체 또는 책임을) 미루기'를 선택한 거죠.

그러니 둘째로 '작은 것부터 조금 덜 고민하고 선택하는 연습'을 시작해 보세요. 무엇을 먹을지, 무엇을 살지와 같은 사소한 것에서부터 찝찝하더라도 '일단 결정 내려 보는' 연습을 하는 거예요. 그러다 보면 실패를 통해서는 배우고, 뜻밖의 성공을 통해서는 기쁨을 얻는 경험들을 할 수 있어요. 이를 통해 점차 선택하기를 덜 두려워할 수 있게 돼요.

셋째로, 중요한 결정을 내려야 할 때 종이에 표로 만들어 단순화해 보는 것도 좋아요. 가로 칸에는 선택지들을, 세로 칸에는 얻는 것(기대하는 것)과 잃는 것(포기 또는 감수해야 할 것)을 써 보는 거예요. 그 후 나에게 상대적으로 덜 중요하다고 생각되는 요소들은 과감하게 X 표시 하세요. 최종적으로 가장 중요한 요소들 몇 개만 칸마다 남았을 때 그것으로만 비교하면 결정 내리기가 훨씬 수월해요.

마지막으로, '완벽한 선택을 해야 한다는 강박'과 '잘못된 선택이 가져올 후폭풍에 대한 두려움'을 내려놓으세요. 사실, 우리의 환상과 달리 세상에는 완벽한 선택이란 것 자체가 존재하지 않아요. 모든 선택에는 기본적으로 득과 실이 함께 내포되어 있기 때문이에요. 따라서 어떤 선택을 하든지 조금씩의 아쉬움과 후회는 존재해요. 하지만 희망적인 것은 얼마나 선택을 잘했는지보다는 내가 내린 선택에 얼마나 충실했는지가 결과를 좌우할 때가 훨씬 많다는 거예요. 만약 선택을 내려놓고도 불안한 마음에 그 선택에 집중하지 못한다면 당연히 좋은 결과를 얻을 수 없을 거예요. 이땐 잘못된 선택이 아니라 나의 불안과 무책임이 실망스러운 결과를 낳은 셈이 돼요. 스스로 선택하고 책임지는 과정 자체에 성장이 있어요. 그러니 일단 결정을 내렸다면 뒤돌아보지 말고 그 선택에 충분히 몰입하는 연습을 먼저 시작하세요.

시행착오는

더 나은 선택을 위한

좋은 밑거름이 됩니다.

진로, 어디로 가야 할까

처음엔 내 인생 끝났다고 생각했지.

아… 안 돼…

근데 우리 사촌 형이 그때 나한테 그러더라고.

이거
좌절

꿈은 직업보다 큰 거야.

그러니까
괜찮아.

꿈이나 진로가 방향 같은 거라면

나는 어떤 것에
가치와 의미를 느끼는지…

어떻게
살고 싶은지…

직업은 그걸 이뤄 가는 방법이자 수단이라는 거지.

흠… 저기 도달하려면
어느 길로 가야
좀 더 좋을까?

나만의 방향을 따라서 길은 그때그때 상황에 맞게 가면 되는 거래.

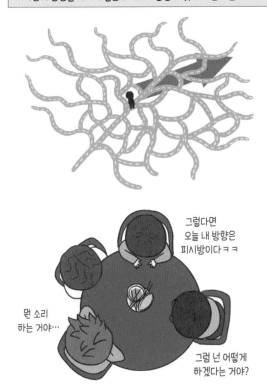

그렇다면
오늘 내 방향은
피시방이다ㅋㅋ

뭔 소리
하는 거야…

그럼 넌 어떻게
하겠다는 거야?

직업은 작은 도구일 뿐

〈집사부일체〉라는 TV 예능프로그램에서 연예기획사 JYP 대표 박진영 씨가 출연해 '꿈'에 대해 이야기한 적이 있어요.

'I want to be _____'(A)

'I want to live for _____'(B)

그는 진짜 꿈은 (A)가 아닌 (B)라고 말합니다. 많은 사람이 (A)를 꿈이라고 착각하며 살아요. 예를 들면 부유해지는 것, 성공하는 것, 명예나 인기를 얻는 것 등이죠. 청소년들의 경우 대부분 교사, 의사, 법조인, 공무원, 아이돌 등 특정 직업으로 이 빈칸을 채우고 있어요. 하지만 이것은 꿈을 위한 '수단'일 뿐 이 자체가 꿈이 될 수는 없다고 말해요. 왜냐하면 이것은 이루지 못하면 슬프고, 이루고 나도 금방 허망해지고 마는 단기 목표에 불과할 뿐 계속해서 추구해 나갈 '목적'은 될 수 없기 때문이에요. 대신 진짜 꿈은 (B)를 고민할 때 찾을 수 있다고 말합니다. 이것은 곧 내가 평생토록 추구할 '가치'를 가리키며, 어떤 목표를 이룬 후에도 (ex. 바랐던 직업을 가진 후에도) 지치지 않고 나아가게 하는 원동력이에요. 다시 말해 꿈이 자신이 지향하는 삶의 가치(B)라면 직업은 그것을 이루는 수단(A)이라고 정리할 수 있을 것 같아요.

저도 어릴 때부터 장래희망(특정 직업)이 곧 꿈이라고 오해하며 자랐어요. 그래서 'I want to be _____'의 빈칸만을 채우려고 안간힘 쓰며 살았던 것 같아요. 하지만 어떻게 이 빈칸을 메워야 할지 너무 막막했어요. 답을 여러 번 고쳐 쓰게 되면서 내가 잘 가고 있는 것인지 무척 혼란스럽기도 했죠. 지금 생각해 보면 (B)를 찾지 못한 채 (A)에만 답하려고 해서 그랬던 것 같아요. 그러던 어느 날 누군가 제게 묻더라고요. 너는 '어떤' 사람이 되고 싶냐고, 그리고 '어떤' 삶을 살고 싶냐고요. 늘 '무엇'이 되고 싶은지만 고민했던 제게 처음으로 던져진 '가치'에 대한 질문이었어요. 그때 이 질문의 답을 고민하면서 저만의 진짜 꿈을 발견하게 됐어요. 무엇을 전공하고 어떤 직업(A)을 가지든 그 가치(B)를 추구하는 모습으로만 꾸준히 살아간다면 꿈에 가까워지고 있는 것이라는 자신감이 생겼어요. 저는 당시 상황과 여건에 맞춰 심리 상담 전문가가 되는 길을 택했어요. 그리고 지금은 글과 그림으로 마음을 전하는 작가로 또 다른 역할의 옷을 입고 살아가고 있어요. 앞으로 또 어떤 새로운 옷들을 입게 될지는 모르겠지만 늘 기대하면서 살고 있어요. 가치라는 꿈을 안고 살아가는 한 잘 살고 있는 거라는 확신이 있기 때문이에요.

앞으로는 새로운 직업들이 더욱 끊임없이 생겨나고, 평생에 걸쳐 직업과 직장을 여러 번 바꾸며 살아가는 시대가 올 거라고 하잖아요. 기존에 있던 많은 직업들이 4차 산업 혁명 시대에는 사라질 거라는 말까지 듣다 보면 덜컥 겁이 나기도 해요. 하지만 아무리 시대가 바뀌고 복잡한 변화들이 일어날지라도 '어떤 가치를 좇으며 어떤 모습으로 살아가고 싶은지' 본질적인 방향을 고민해 본 사람이라면 적어도 길을 잃고 주저앉아 있지는 않을 거예요. 완벽하고 편안한 길이 아니라도 한줄기 의미로 나아갈 수 있는 길이라면 충분해요.

직업이 사람을 빛나게 하는 것이 아니라

사람이 직업을 빛나게 합니다.

무언가에 깊이 빠져 헤어 나오기 힘들 때

게임 중독
자가 테스트
(10문항)

※해당되는 문항이 많을수록 게임에 심하게 의존하거나
또는 중독되어 있는 상태입니다.

1. 처음 생각한 것보다 매번 더 오래 게임을 하게 된다.

2. 과도한 게임으로 일상생활에 어려움이나 지장이 있다.

EX. 수면 부족, 지각, 결석, 주의력 분산, 성적 하락 등.

3. 현실세계보다는 게임 속 세상이 더 좋은 적이 많다.

소속감, 친밀감, 유능감 뿜뿜~

4. 게임 속 세상과 현실세계가 구분이 잘 안 될 때가 있다.

※파밍: 게임에서
 적과 싸우기 위해
 필요한 장비(아이템)를
 모으는 행위.

5. 게임으로 인해 건강이 나빠졌다.

※허리나 목 통증, 손가락이나 손목 통증, 안구건조, 시력저하 등.

6. 게임으로 인해 가족과 다투거나 꾸중을 듣는다.

7. 게임 접속 시간을 숨기거나 게임과 관련해 거짓말한 적이 있다.

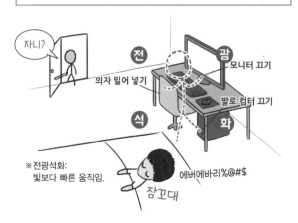

※전광석화:
빛보다 빠른 움직임.

8. 게임 플레이에 방해를 받았을 때
화를 내거나 폭력적인 행동을 취한 적이 있다.

9. 게임을 하지 못하면 불안하거나 짜증이 난다.

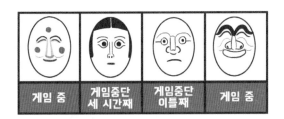

| 게임 중 | 게임중단
세 시간째 | 게임중단
이틀째 | 게임 중 |

10. 게임을 줄이려고 다짐해도 마음대로 잘 안 된다.

스마트폰 중독
자가 테스트
(10문항)

※해당되는 문항이 많을수록 스마트폰에 심하게 의존하거나
중독되어 있는 상태입니다.

1. 항상 스마트폰을 손에 달고 산다.

EX. 확인할 게 없어도 습관적으로 켜 보고 만지작거린다.
EX. 집에서 화장실 갈 때도 꼭 가지고 들어간다.

2. 스마트폰이 옆에 있으면 다른 일에 집중하기 어렵다.

※스마트폰을 하고 싶은 강한 충동이 머리에서 떠나질 않음.

3. 스마트폰이 없으면 손발이 떨리거나 불안한 느낌이 든다.

4. 늘 스마트폰에 주의가 집중되어 있다.

EX. 스마트폰 생각이 머리에서 떠나지 않는다.
EX. 울리는 카톡 또는 문자 소리에 즉각 반응한다.
EX. 진동이나 알람이 울렸다고 착각할 때가 자주 있다.

5. 설치한 앱이 20개 이상이며 대부분 사용한다.

6. 스마트폰 이용 시간을 조절하는 것이 어렵다.

7. 스마트폰 때문에 일상생활이나 학업에 지장이 있다.

EX. 수면부족, 지각, 성적 저하 등.

공허한 순간을
어떻게 견디고 있나요?

사람이라면 누구나 마음에 크고 작은 공허감이 있어요. 그리고 그 빈 공간을 무언가를 통해 채우고 싶은 본능을 가지고 있어요. 누군가는 그 공간을 운동, 책, 음식을 통해 채우려 하기도 하고 누군가는 게임, SNS, 영상, 술, 담배, 성행위와 같은 것들로 채우려 하기도 해요. 나는 평소 무엇에 푹 빠져 살아가고 있나요? 어떤 것에서 충족감과 기쁨을 얻나요?

정도의 차이가 있을 뿐 사실 사람들은 다들 무언가에 조금씩 기대어 살아가고 있어요. 살면서 좋아하는 게 있고 활기를 얻을 수 있는 뭔가가 있다는 것 자체는 좋은 일이에요. 하지만 무언가에 대한 의존이 스스로 통제할 수 없는 수준까지 과도해지고 자신이나 타인에게 해가 된다면 사람들은 그것을 '중독'이라고 해요. 무언가가 지나친 것인지 알기 위해서는 간단하게 네 가지 기준으로 확인할 수 있어요. 내성, 금단, 일상생활의 지장, 자기조절력의 상실 여부가 바로 그것이에요. 만족감을 얻기 위해 그것을 점점 더 많이 해야 직성이 풀리고(내성), 그것을 못 하면 짜증과 불안을 느끼며(금단), 그로 인해 수면 부족이나 지각 등 공부에 집중하지 못하는 문제를 겪게 되고(일상생활 지장), 그래서 줄여야지 또는 안 해야지 해도 마음대로 되지 않는다면(자기 조절력 상실) 위험한 수준까지 가고 있는 거예요.

사실 처음부터 '지나치게 빠져야지.', '막장까지 가야지.' 하고 의도하면서 무언가를 시작하는 사람은 없을 거예요. 하지만 하다 보니 나도 모르게 그것에 점점 더 빠져들고 뒤돌아보니 어느새 중독되어 있는 것이잖아요. 우리는 왜 어떤 것에 그렇게까지 빠져들게 되는 걸까요? 크게 두 가지 이유가 있는 것 같아요.

첫째는 '내가 정말로 원하는 무언가'가 현실에서는 충족되지 않고 있기 때문이에요. 어떤 사람에겐 그것이 '쉼이나 자유'일 수도 있어요. 어떤 사람에겐 '성취감과 인정'일 수도 있어요. 또 어떤 사람에겐 '소속감과 친밀감'일 수 있어요. 예를 들어 온종일 공부와 과제에 치이다가 온 친구에게 각종 즐길 거리를 제공하는 스마트폰은 아무 생각 없이 스트레스를 해소할 수 있는 유일한 '쉼'이자 '자유'로 느껴질 거예요. 잘했다는 인정을 별로 받아본 적이 없고 성적도 쉽사리 오르지 않아 답답한 친구에게는 단시간에 전투에서 이기고 돋보이는 승자가 될 수 있는 게임이 '성취감'을 느끼고 '인정'을 받을 수 있는 유일한 대상일 거예요. 평소 마음이 통하는 친구도 없고 늘 고립감을 느끼던 친구에게는 누군가를 익명으로 만나 속마음을 가감 없이 풀어 놔도 되는 인터넷이 유일하게 '소속감과 친밀감'을 느낄 수 있는 공간일 거예요.

두 번째 이유는 '아무것도 하지 않는 시간' 자체가 불안한 경우예요. 그래서 다른 곳으로 시선을 돌리는 게 속이 편한 거죠. 할 게 없어도 습관적으로 몇 초에 한 번씩 스마트폰을 켜 보는 사람들도 그런 경우일 거예요. 우리는 자본주의 사회에 살면서 시간이 돈이라고 배워 왔어요. 또 어릴 때부터 바쁨이 곧 성공의 미덕인 것처럼 배워 왔죠. 휴식의 의미와 중요성을 가르쳐 준 사람은 아무도 없었을 거예요. 그러니 잠시라도 아무것도 안 하고 가만히 있으면 그 순간이 이상하거나 불안하게 느껴져요. 하지만 공부하거나 책을 읽기에는 지쳤고 그렇다고 가족들과 대화하는 것도 어색하잖아요. 그러다 보니 혼자 할 수 있는 '다른 무언가'를 찾게 돼요. 결국 '가만히 있는 불안'을 메우기 위해 자꾸 무언가로 주의를 돌리게 되는 거죠.

혹시 나 자신이 무언가에 지나치게 빠져 있다는 생각이 들지만 조절되지 않아 고민인가요? 그렇다면 먼저 그 대상이나 활동을 통해 내가 어떤 보상을 얻고 있는지를 곰곰이 생각해 보세요. 진정으로 내가 원하는 것이 쉼이나 자유인가요, 성취감이나 인정인가요, 소속감이나 친밀감인가요? 그리고 그것을 현실 속에서 건강하게 충족할 수 있는 방법을 찾아보고 대체해 보세요.

이에 더해 매일 밤 5~10분 정도 알람을 맞춰 놓고 '멍 타임'을 가져 보는 것을 추천해요. 아무것도 없는 벽을 바라보고 앉아도 좋고, 천장을 바라보고 누워도 좋고, 자기가 있는 곳에서 가만히 눈을 감아도 좋아요. '아무것도 하지 않는 불안을 견뎌 내고 진짜 나를 마주하는 연습'을 해 보는 거예요. 그럴 때 자신의 내면에 가만히 접속하는 시간을 가질 수 있어요. 처음에는 과거에 대한 후회나 미래에 대한 걱정 같은 여러 가지 잡생각들이 올라올 거예요. 그럴 때 의식적으로 그 생각들로부터 채널을 돌려요. 그리고 현재에 충분히 머물러 보세요. 나는 지금 무엇을 느끼고 있는지, 내가 진짜 원하는 것은 무엇인지 등에 대해 생각하세요. 신체 감각에 집중해도 좋아요. 떠오르는 나의 생각과 감정들을 비난하거나 평가하지 말고 그저 관찰하듯이 바라보는 거예요. 공허함의 순간을 견디고 그 안에 머무르는 힘이 생길 때 비로소 그 속에서 진짜 내가 누구인지, 무엇을 원하는지를 볼 수 있게 돼요. 힘들어도 피하지 않았으면 해요. 당신의 마음으로부터.

삶의 방향은 대부분
아무것도 하지 않는 시간에

불현듯 발견됩니다.

헬조선이 싫어질 때

Yoon1004 입시지옥
불바다 청년실업 후덜덜
cheld 초딩들 꿈이 죄다
공무원.. 미래가 없음
edu_119 쓰레기 교육
개노답
linehate 획일화 장난아님
몇 살에 뭐 몇 살에 뭐
답이 정해져있는 사회
명절OUT 오지랖 ㅊㄴ대박..
조금만 비켜나도 실패자 취급
breath0 미세먼지 최악
mannly 청춘을 군대에서
썩는 거요

thsrkfkrwlf 좀만 달라도
틀렸다고 손가락질
group84 집단이기주의랑
편가르기 국민성이 문제
compa9760 조직문화요
야근에 꼰대질 세젤힘
skdl 나이가 벼슬인 나라
갑질에 똥 군기
wjdcldls 썩어빠진 정치와
사회시스템부터..
eating 부동산, 빈부격차,
자영업자 위기.. 경기침체
fail1234 개성과 재능
말살하는 ㅁㅊ 교육

헬조선이 싫어질 때

살신성인 먹거리 하난 대박이지 치맥ㅋㅋ

하마폴스 삼겹살

chalgigae 치안은 세계최고 아닌가?

aranang 초고속 인터넷, IT

핑광 의료서비스

우리나라의 긍정적인 면들에도 한.번쯤 주목해 보자는 거예요. 어떤 게 있을까요?

3:19/15:03

댓글 궁금…

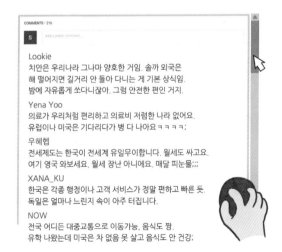

COMMENTS · 216

S Add a public comment...

Lookie
치안은 우리나라 그나마 양호한 거임. 솔까 외국은
해 떨어지면 길거리 안 돌아 다니는 게 기본 상식임.
밤에 자유롭게 쏘다니잖아. 그럼 안전한 편인 거지.

Yena Yoo
의료가 우리처럼 편리하고 의료비 저렴한 나라 없어요.
유럽이나 미국은 기다리다가 병 다 나아요ㅋㅋㅋ;

우헤헵
전세제도는 한국이 전세계 유일무이합니다. 월세도 싸고요.
여기 영국 와보세요. 월세 장난 아니에요. 매달 피눈물;;;

XANA_KU
한국은 각종 행정이나 고객 서비스가 정말 편하고 빠른 듯.
독일은 얼마나 느린지 속이 아주 터집니다.

NOW
전국 어디든 대중교통으로 이동가능, 음식도 짱.
유학 나왔는데 미국은 차 없음 못 살고 음식도 안 건강;

여러 이야기들이 나오는데요, 정리해 보면… 대충 이런 것들이겠네요.

〈우리나라의 좋은 면〉
* 대중교통
* 치안
* 의료서비스
* 행정/고객 서비스(빠르고 편리한 일처리)
* 전세, 저렴한 월세
* 초고속 인터넷, 어디서나 WIFI
* 따뜻한 바닥(온돌식 난방)
* 음식, 배달문화
* 빠르고 싼 택배
* 사계절, 자연재해X
* 서로 챙겨주는 정 문화

유나짱 우리나라도 따지고보면 좋은 것도 은근 많음
linehate 한국 살기 좋다고 이민 오는 외국인들도 꽤 많음
그래도 헬조선은 헬조선..

생각보다 우리가 이렇게 당연하게 여기며 누리고 있는 것들도 많은 것 같아요.

하지만 그런다고 달라지는 건 아무것도 없더라고요.
그냥 제 마음만 더 힘들어질 뿐이었어요.

물속에만 살던 물고기가 물이 어떤 곳인지
알기 어려운 것처럼 때로 우리도 그럴 수 있으니까요.

우리들의 막연한 환상과 달리 한국 밖이라고 꼭 다 살기 좋은 것도 아니거든요.

우스갯소리로 한국은 몸은 천국, 마음은 지옥인 곳이고 반대로
미국과 유럽은 마음은 천국, 몸은 지옥인 곳이라는 말도 있더라고요.

지금 우리를 힘들게 하는 한국의 어두운 면들은
우리가 누려 온 것들의 그림자이기도 해요.

외적(물질적) 발전
급격한 성장
빠르고 편리한 시스템
가족주의적 정
예의와 배려

내적(정신적) 고갈
과열경쟁과 획일화
비합리적 조직문화
오지랖
눈치와 속앓이 문화

이쪽을 만들어 온
한국인의 성품이

동시에 이쪽도 만들어 온
거라고 봐야 해요.

이쪽 따로

이쪽 따로가 아니라…

※참고: 허태균 교수의 『어쩌다 한국인』(중앙북스, 2015)

중요한 건 지금 우리가 어디쯤 서 있는지 알고
앞으로 어디로 가야 할지에 초점을 두는 것 같아요.

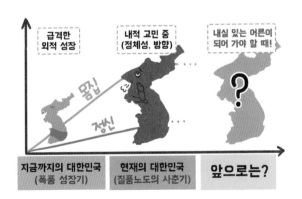

급격한
외적 성장

내적 고민 중
(정체성, 방황)

내실 있는 어른이
되어 가야 할 때!

몸집

정신

지금까지의 대한민국
(폭풍 성장기)

현재의 대한민국
(질풍노도의 사춘기)

앞으로는?

EX. 각종 사회와 정치 문제에 참여하기.

EX. 나부터 일상 문화, 조직 문화 바꾸기.

3. 그리고 동시에 각자 자신만의
마음의 근육을 꾸준히 키워 가요.

즐거움　　　　의미　　　　보람

EX. 운동, 취미　　　마음 관리, 명상, 휴식　　　친밀한 관계, 봉사

우리가 원하는 충분한 변화가
일어나기까진 그래도 시간이
꽤 필요할 테니까요

과거의
접니다ㅎㅎ

세상이 왜
이 모양…

저 인간들은
왜 저 모양…

그때까지 내 멘탈은
내가 챙겨야죠.

햄조선이 싫어질 때

마지막으로
여러분!

세상 어디에도 유토피아는 없다는 걸
이야기하면서 마치고 싶어요.

역사상 어느 시대, 어느 나라에도 고충 없는 사회,
살기 좋기만 한 나라는 없었어요.

세상은 늘
피라미드였고

그 속에서 아파하고
지치고 상한 사람들도
늘 있어 왔죠.

그럼에도 불구하고 세상은 말하는 다수가 아닌
행동하는 소수를 통해 조금씩 바뀌어 왔어요.

사춘기 같은
사회 살아 내기

'헬조선', '불반도', 'N포 세대'라는 말이 생길 만큼 한국에서 살아가는 것이 녹록지 않게 느껴지는 시대에요. 아무리 열심히 살아도 안정된 미래가 보장되진 않을 거라는 불안감 속에서 막연히 이민을 꿈꾸는 사람들도 늘고 있어요. 하지만 이민도 꼭 모든 사람에게 정답이 될 수는 없는 것 같아요. 각자의 형편이 다를뿐더러 한국 밖의 사회라고 해서 꼭 다 편하고 살기 좋은 것만도 아니기 때문이에요. 나라마다 우리와는 또 다른 그 사회만의 문제와 불만족 요소들이 존재하잖아요. 결국 세상 어디에도 유토피아는 없어요.

　사회심리학자 허태균 교수는 『어쩌다 한국인』이라는 책과 강연에서 지금 우리 한국 사회가 '사춘기' 단계를 지나고 있다고 비유해요. 급격한 경제 발전을 이루며 몸집이 폭발적으로 불어

나는 양적 성장기를 지나왔지만 아직 '존재감과 방향'을 세우지 못한 상태이기 때문이에요. 그래서 혼란과 좌절을 겪으며 정신적인 만족도가 세계 하위권을 맴돌고 있는 거라고 해요. 지금까지는 단순히 먹고사는 문제에 집중해 온 시기였다면 이제는 '내가 누구이고 무엇을 위해 달리는지' 자아정체성을 고민해야 할 시기를 맞은 거예요. 그리고 이 시기를 잘 보내고, 보다 성숙한 사회로 무르익기 위해서는 다음과 같은 변화들이 필요하다고 말합니다.

첫째로, 포기해도 된다는 것을 알아야 해요. 포기는 패배가 아니라 '내게 더 중요한 인생의 가치'를 선택하는 과정이라는 사고의 전환이 필요해요. 서구인들은 대학 진학률이 우리보다 훨씬 낮아도 명문대에 못 간 사람들이 우리만큼 패배 의식을 느끼지 않아요. 왜냐하면 본인이 그것을 스스로 포기했고 대신 그 시간에 다른 것을 선택했다고 여기기 때문이에요. 반면 우리 사회는 선택을 '안' 한 것이 아닌 '못' 한 사람들을 대량 생산하고 있어요. 어떤 것을 포기하는 대신, 다른 것을 선택할 수 있다고 아무도 얘기해 준 적이 없기 때문이에요. 이럴 때 불행한 사람들이 많아져요. 명문대 진학이나 전문직, 고시 준비를 위해 열심히 노력하는 것을 나쁘다고는 할 수는 없어요. 하지만 처음부터 '어떤 것을 얻고 어떤 것을 잃고 있는지' 인식하고 스스로 선택할 수 있어야 해요. 그래야 억울하지 않아요.

둘째로, '왜'라는 질문을 던지며 속도가 아닌 방향에 집중해야 해요. 지금까지는 경제적인 폭풍 성장을 일구어내는 시기였어요. 그래서 인고(忍苦), 즉 '지나치게 열심히 사는 것'이 중요했어요. 하지만 그렇게 전력 질주하는 동안 주머니에서 새어 나간 것들이 있을 수 있다는 것은 보지 못했어요. '왜' 열심히 달려야 하는 것인지 방향을 고민하지 못했던 거죠. 물론 그 인고가 없었다면 지금의 대한민국은 없을 거예요. 하지만 지나친 인고가 지금은 대한민국을 동시에 병들게 하고 있어요. 이제는 무작정 열심히 살 때가 아니라 내가 어디로 '왜' 가고 있는지 내용에 집중해야 할 때예요.

셋째로, 가시적인 것이 아닌 비가시적인 것들에서 나만의 가치와 이유를 찾고 스스로 인정해 주어야 해요. 외적인 것(외모, 물질, 서열 등 가시적인 것들)에서 내 가치를 찾을 때 우리는 너무도 쉽게 불행해져요. 가시적인 것들에 대해서는 누구나 비교하고 판단해 버릴 수 있기 때문이에요. 반대로 추상적이고 내적인 것들에 내 가치를 두게 되면 아무도 내 것을 함부로 비교하거나 판단할 수 없어요. 그럴 때 우리는 마음껏 유익한 착각을 하며 살 수 있어요. 내가 더 사랑하는 것들, 나의 성품, 재능과 개성, 이런 것들에 가치를 두세요. 그럴 때 흔들리지 않는 존재감이 생겨요.

마지막으로, 방향을 모를 땐 놀 줄 알아야 해요. 우리는 노는 것이 막연히 잘못됐다고 생각해요. 그래서 어떤 길이 내게 맞는 방향인지 파악하기도 전에 무작정 달려요. 하지만 정작 나중에야 그 길이 아니었다는 것을 깨닫고 내게 맞는 길을 찾았을 때는 이미 방전 상태에 빠져 있게 돼요. 막상 힘써야 할 순간에는 힘이 고갈되고 없는 거죠. 노는 시간은 힘찬 도약을 위한 충전과도 같아요. 그래야 진짜 도약해야 할 때 힘을 쓸 수 있거든요. 열심히 하되 무엇을 할지 알아야 하고, 무엇을 해야 할지 모를 땐 놀 줄 알아야 합니다. 이것이 한국인의 행복을 위한 올바른 질적 변화의 방향입니다.

모두가 일직선으로 달리면
반드시 1, 2, 3등뿐 아니라
　　　　　　다수의 낙오자가 나오게 마련이에요.
하지만 모두가 각 방향의 원형으로 퍼져 버리면
더 이상 1, 2, 3등이 아무런 의미가 없어집니다.

- 허태균 교수, tvN 〈어쩌다 어른〉 강연 중 -

경쟁 속에서 위축될 때

그럭저럭 열심히 일상을 살아 나가다가도

잘난 애들 틈에 있다 보면

기운이 쑤-욱 빠지는 기분…!
나만 그럴까?

평범하기 그지없는 나는

열심히 달려도 어차피 밀릴 거라는 생각에

자신감도⋯ 의욕도⋯ 자꾸만 사라진다.

특별한 것도, 내세울 것도 딱히 없는 나.

이런 나도 쓸모가 있을까?

모두 세상이 정글과 같다고 말한다.

그 정글에서 승자는 살아남고
패자는 사라질 거라고 말이다.

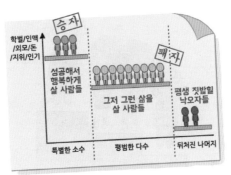

살아남아야 한다는 두려움으로

최대한 힘을 키우고

먹잇감과 적을 구분하며

긴장과 불안 속에 달리는 법만 배워 왔다.

그런데 문득문득 의문이 든다.

누구를 위한
정글일까?

이 정글에
과연 행복은
있는 걸까?

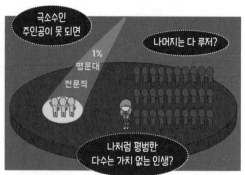

으… 머리 복잡해.

누군가는 말해 주면 좋겠다.

그러니 거창한 무언가를 해야 한다는 부담 대신

내가 할 수 있는 작은 것부터 하면 된다고.

그 속에

한 사람 한 사람의 특별함이 있는 거라고.

각자의 자리를 지키는 작은 힘들이 모일 때

그게 곧 특별함이 되어 가는 거라고 말이다.

뛰어난 소수가 아니어도
괜찮아요

공부를 잘했던 예전과 달리 중·고등학교에 온 후 성적이 떨어져 자존감도 함께 사라졌다고 말하는 친구들이 있어요. 하지만 실제로 사라진 것은 자신감(자기 효능감)이지 '자존감'이 아니랍니다. 또 고집이 세거나 자기주장이 강한 사람들은 높은 자존감을 가지고 있을 거라고 생각해요. 하지만 실제로 그들은 자존심(지기 싫어하는 마음)이 강할 뿐 자존감이 높은 것이 아니랍니다.

 그렇다면 자존감은 무엇일까요? 자존감은 무엇을 잘하든 못하든 나 자신은 있는 그대로 소중한 존재라고 확신할 수 있는 마음이에요. 마치 세상에 태어난 아기가 아무것도 하지 않아도 당연히 사랑스러운 것처럼 말이에요. 어떤 면에서 자존심과 자존감은 반비례해요. '난 남보다 돋보여야만 해(높은 자존심)'라는 말은 '난 나 자체로는 자신이 없어(낮은 자존감)'라는 말과 별반 다르지 않기 때문이에요.

자존감의 천적은 '비교'예요. 비교가 삶을 피폐하게 한다는 것을 누구나 다 경험해 봤을 거예요. 그런데 왜 우리는 자꾸 남과 비교하며 살게 될까요? 그 뿌리에는 남보다 뛰어나지 않으면 도태되며, 결국엔 사회에서 살아남을 수 없을 거라는 불안이 도사리고 있는 것 같아요. 그래서 저는 습관적인 비교로 마음이 너무 힘들 때, 나를 불안하게 만드는 사회에 대한 관점을 전환시켜요. 사회는 약육강식의 '정글'이 아닌, 다양한 사람들이 '힘을 합쳐 살아가는 곳'으로요. 그럴 때만 상대방을 나의 '경쟁자'가 아닌 '협력자'로 바라볼 수 있는 것 같아요.

비교의식을 가장 실감 나게 느끼게 되는 것은 공통적으로 아마 성적일 거예요. 하지만 냉정하게 말해 모두가 다 공부를 잘할 수는 없어요. '공부 머리가 좋은 것'도 선천적으로 주어지는 여러 재능 중 하나(지적 재능)에 불과하기 때문이에요. 꽤 오랫동안 사람들은 지적 지능만을 지나치게 강조했어요. 하지만 세계적인 심리학자 하워드 가드너는 다중지능이론을 통해 인간에게는 그보다 훨씬 다양한 유형의 능력이 있다고 밝혔어요. 신체운동지능, 음악지능, 공간지능, 자연친화지능, 자기성찰지능, 인간친화지능(대인적 지능), 실존적 지능과 같은 것들이죠. 이런 다양한 재능을 지닌 사람들이 존재하기 때문에 세상이 돌아갈 수 있는 거예요. 나에게도 나만의 원재료 같은 타고난 재능이 있어요. 그게 뭔지 모르겠다면 아직까지 내 재능을 발견하거나 키울 기회를 충분히 가지지 못한 것뿐이에요. 나의 고유한 재능에 기질, 관심사, 경험, 가치관 같은 것들이 함께 더해지면 그 조합 자체가 곧 나의 독특한 재능이 될 수 있어요.

물론 지금 우리가 놓인 환경에서 이런 관점을 가지기는 결코 쉽지 않다는 걸 잘 알아요. 당장 몇 가지 지능만을 획일적으로 요구하는 형식의 시험을 통해 퍼센트와 등수로 값이 매겨지는 평가 체계 속에 있으니까요. 하지만 사람은 얼마나 쓸모 있는지로 가격표를 붙이는 '물건'이 아니라는 것 하나는 잊지 말아 주세요. 나 자신이 먼저 나를 물건이 아니라 사람으로 취급하는 게 우리가 할 수 있는 첫 출발인 것 같아요. 안주하지 않기 위해 때론 비교도 필요해요. 하지만 타인이 아닌 나 자신하고만 비교하세요. '현재의 나'를 '어제의 나'와 '내일의 나'와만 비교하는 거예요. '지금의 나'와 '이전의 나'를 비교할 때 성숙하고 발전해 가는 자신을 발견하는 즐거움이 있어요. 그리고 '지금의 나'와 '앞으로 되어 질 나'를 비교할 때 보다 실현 가능한 이상을 향해 힘 있게 나아갈 수 있을 거예요.

타인이 나를 인정해 주지 않아도
내가 나를
　　　　인정해 주는 데에서 출발해요.

살고 싶어서 그랬어

우리 부모님은 내가 어릴 때 헤어지셨다.

그리고 그 시기에 나는
외국의 고모네 집으로 보내졌다.

낯설고 차가운 그곳에서

철저히 혼자 세상에 버려진 것 같았다.

죽을 것 같이 힘들고 무기력한 현실 속에서

그래도 마음대로 할 수 있는 게 없진 않았다.
바로… 내 몸이었다!

처음으로 내 몸을 아프게 했을 때 고통을 느끼는 나를 보며
살아 있다는 묘한 안도감이 들었다.

그리고 이내, 마음에 마취제를 놓은 듯
시원하면서도 차분해지는 느낌이 들었다.

그때부터,
고통으로 고통을 덮는 것에 점점 익숙해졌다.

고쳐야지, 하고 마음먹었을 땐 이미
혼자서는 빠져나올 수 없는 늪 속이었다.

배터리가 바닥나면 충전기부터 찾듯
나를 위로하는 가장 확실한 방법이었으니까.

시간이 흘러 한국으로 돌아와
아버지와 새어머니와 같이 살게 됐다.

그러던 어느 날, 꼭꼭 숨기고 싶었던 상처가…

그때 느낀 모멸감과 수치심 이후
나는 더 큰 고통으로 도피하게 되었다.

결국 피하고 싶었던 최악의 상황이 왔을 때

깊은 두려움이 나를 엄습했다.

하지만 예상과 달리

그렇게도 멀었던 아버지가
그날 처음으로 나를 봐 주었다.

아무 비난 없이… 기대 없이…
있는 그대로의 나를.

비록 단단하게 얼었던 눈덩이가
단번에 다 녹아내린 것은 아니지만

내 편이 되어 주는 한 사람이 생기자

캄캄했던 세상에 빛 한 줄기가 들어왔고

거센 바람이 아닌 쨍쨍한 태양이 결국엔
나그네의 외투를 벗게 했던 어떤 동화처럼

나도 그렇게 꽁꽁 싸맸던
마음의 외투를 서서히 벗게 되었다.

누가 그러더라.
인생엔 '지랄 총량의 법칙'이란 게 있다고.

> 모든 인간에게는 평생 쓰고 죽어야 하는
> '지랄'의 총량이 정해져 있습니다.
> 어떤 사람은 그 지랄을 사춘기에 다 떨고,
> 어떤 사람은 나중에 늦바람이 나기도 하지만
> 어쨌거나 죽기 전까진 반드시
> 그 양을 다 쓰게 되어 있습니다.
>
> 김두식, 『불편해도 괜찮아』(창비, 2010) 중에서

이제 내 인생은 아마도
좋아질 일만 남은 것 같다.

따뜻한 말 한마디

소중한 내 몸을 스스로 해치는 이들이 있습니다. 이들은 그러지 말아야지 하면서도 자신의 몸을 아프게 해야 마음이 놓인다고 해요. 이것은 지금 이 글을 읽고 있는 당신의 이야기일 수도, 혹은 내 친구나 주변 사람들 누군가의 이야기일 수도 있어요.

이런 증상을 들키게 되면 주변 사람들은 보통 '미쳤다', '의지박약이다', '유약하다', '정신병자다'와 같은 비난의 눈길을 보냅니다. '너보다 힘든 사람 많다.', '남들은 힘들어도 다 참고 사는데 너는 왜 그래?' '왜 그렇게 가족을 힘들게 하냐.' 같은 비난도 너무 쉽게 합니다. 하지만 이런 말과 시선은 이들의 마음을 갈기갈기 찢어 놓을 뿐입니다.

이들은 많은 사람의 오해와 달리 부모나 주변 사람들을 겁주기 위해서 자신을 해치는 것이 아닙니다. 오히려 그 누구도 탓하지 못해 혼자서만 고통을 짊어지려다 주저앉아 버린 '미련할 만큼 착한' 사람들인 경우가 대부분입니다. 이들은 주변인들의 관심을 끌기 위한 관심종자도, 부모를 위협하려는 것도, 단순히 유행을 좇거나 일탈하고 있는 것도 아닙니다. 그저 죽고 싶을 만큼 힘들지만 그래도 '살고 싶어서' 자신도 모르게 그렇게 하는 것이죠. 그렇게라도 할 때 살아 있다는 걸 느끼며 안도하게 되거든요. 심적으로 너무 힘드니 차라리 몸을 아프게 해서라도 그 고통을 잊습니다. 극심한 심리적 고통에 대한 진통제 같은 거죠. 참으려 하고 고치려고도 해 보지만 마음대로 되지 않아 더 고통스럽습니다.

이들을 힘들게 하는 것은 불안정한 환경, 사이가 좋지 않거나 무관심한 가족, 과도한 입시경쟁 속 불투명한 미래에 대한 두려움, 친구 관계에서의 상처 등 여러 가지일 수 있습니다. 하지만 이보다 더 이들을 진짜로 아프게 하는 것은 '이 모든 것을 같이 견뎌 낼 사람이 곁에 아무도 없다는 느낌'이에요. 세상에 수많은 사람이 있지만 내 곁에 있는 사람은 아무도 없는 것 같은 느낌. 단 하나도 내 편이 없고 철저히 혼자 남겨진 그런 느낌이요. 아무것도 통제할 수 없는 무기력한 현실 속에서 내 몸은 내가 통제할 수 있는 유일한 것이잖아요. 그래서 자꾸만 내 몸으로 손이 갑니다. 나도 사람이라는 것을, 뭔가를 할 수 있다는 것을, 죽을 만큼 힘들지만 그래도 이렇게라도 살아 있다는 것을 느끼고 싶어서입니다. 그렇게 몸의 고통으로 마음의 고통을 덮는 것입니다.

이들에게 필요한 건 내 편이 되어 주는 단 한 사람, 그리고 따뜻한 말 한마디예요. 비난 대신 '있는 그대로'의 이들을 인정하고 받아들여 주세요. 스스로를 해치지 말라는 충고 같은 건 잠시 접어 두세요. 빨리 나아지라는 압박도 내려놓아 주세요. "많이 힘들었구나." "같이 노력해 보자." 이런 말이면 충분해요. 판단하지 않는 마음으로 그저 말없이 들어 주고 함께 있어 주기만 해도 충분해요. 중요한 건 몸의 상처보다 마음의 상처를 봐주는 거예요. 보이는 상처는 생채기 나고 피딱지에 엉클어진 마음이 보내는 작은 신호일 뿐이니까요.

따뜻한 말 한마디에는 힘이 있어요!

"많이 힘들었지?" "수고했어!"

"괜찮아" "그 정도면 충분해."

"사랑해." "고마워." "미안해."

"역시 최고!" "널 믿어."

아픔, 그 가볍지 않은 무게

인생의 바다를 항해하다 보면 누구나
크고 작은 파도를 만난다.

간절히 원했던 무언가가 좌절된 순간,

진심이 거절당한 순간,

있는 그대로의 나로 받아들여지지 못한 순간,

의지하던 사람을 떠나보내야 하는 순간,

믿었던 사람에게 배신당한 순간,

일그러진 시선 속에 고립된 순간,

무시당하고 짓밟힌 순간,

거대한 힘 앞에 무기력한 순간,

믿었던 기반이 와르르 무너진 순간,

삶의 유한함을 마주하게 되는 순간 등…!

하지만 그 어떤 아픔도 더 무겁거나 가볍다고
섣불리 저울질할 수 없는 이유는

아픔이란, 그 하나하나가 때마다
오롯이 가장 무겁고 쓰라린 법이기 때문이다.

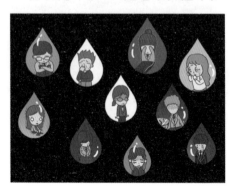

누군가는 인생을 고통의 바다라고도 부르듯

어쩌면 우리에겐 지나온 파도보다
지나야 할 파도가 더 많이 남아 있는지도 모른다.

하지만 이렇게 깨지고 넘어지며 헤쳐 가야 할
불완전함이 원래 우리들의 삶이라면

일으켜 주고 손잡아 주며 같이 겪어 낸다면
이 항해가 조금은 덜 무섭지 않을까.

결국 사람에 아파하고 사람에 절망하다가도

다시 사람으로 웃고
사람으로 회복하는 우리들이니까.

토닥토닥 마음 톡

어디에 발 딛고
서 있나요?

지진 안전지대라고 생각했던 우리나라도 큰 지진 피해를 입을 수 있다는 사실에 모두가 놀란 적이 있습니다. 삶의 터전에 직접적인 타격을 입은 재해 당사자들에게는 정말로 큰 고통이었을 거예요. 이렇게 큰 지진을 한 번 겪고 난 사람들은 지반이 흔들린다는 게 얼마나 무서운 일인지 알게 된다고 해요. 이와 비슷하게, 우리들 각자도 인생에서 '안전지대'일 거라고 믿으며 아무 의심 없이 발 딛고 서 있는 '지반'이 있습니다. 외모, 재능, 재산, 지위, 건강, 인맥, 친구, 가족 등 각자가 기대어 의지하고 있는 어떤 요소가 있을 것입니다. 평생 흔들리지 않을 거라고 믿는 그곳 말이에요.

그런데 살다 보면 그 지반이 흔들리는 것을 경험하는 순간이 오기도 합니다. 그럴 때 대부분의 사람은 큰 충격을 받습니다. 입시나 취업 실패, 부도나 해고, 사고나 질병, 믿었던 사람들의 배신, 의지하던 사람과의 이별, 소중한 사람의 죽음 등이 그런 지진과도 같아요. 특히 자신이 서 있던 그곳이 결코 흔들리지 않을 거라고 호언장담했던 사람일수록 흔들림에 대한 충격은 더욱 커집니다. 인생이 송두리째 무너져 버리는 사람들도 있죠. 당신은 지금 어디에 발을 딛고 서 있나요?

우리는 그 어느 사회보다 '신속함'을 자랑하는 대한민국에 살고 있어요. 그 덕에 많은 편리함을 누리지만 한편으로는 어릴 때부터 조급함과 분주함에 익숙해져 남보다 빠르고 바쁘게 사는 것이 잘 사는 것이라고 무의식적으로 인지하게 돼요. 문제는 바쁘고 빠르게 달리기만 하면 그만큼 자기 자신을 돌아볼 여유를 가지기는 어렵다는 점입니다. 내가 누구인지, 나는 왜 공부하는지, 나는 무엇을 위해 살고 있는지와 같은 것들을 고민할 겨를이 없는 거죠. 사실 이것은 정말 위험한 일일 수 있습니다. 마치 현재 위치와 목적지를 확인하지 않은 채 무작정 고속도로 위를 질주하는 것과도 같으니까요.

하지만 이런 우리도 내비게이션을 확인할 수밖에 없는 때가 있어요. 바로 실패하거나 고난을 겪게 되는 순간이죠. 내 마음대로 풀리지 않는 순간, 실패했고 다 잃었다고 생각되는 순간, 바닥으로 떨어져 혼자 남겨졌다고 생각하는 순간, 믿었던 무언가가 믿을 만하지 않다는 것을 알게 되는 순간들을 맞을 때 우리는 그제야 비로소 인생에서 더 본질적인 것들이 무엇인지 고민하게 되지요. 그리고 그때야 비로소 진짜 내 사람들이 누구인지, 그리고 그들이 얼마나 소중한 존재인지 알게 되는 것 같아요.

물론 실패나 고난 자체를 반가워할 사람은 아무도 없을 거예요. 하지만 이 시간을 통해 우리는 나다운 게 무엇인지, 삶이 무엇인지와 같은 것들을 진지하게 돌아보게 됩니다. 만약 그동안 발 딛고 서 있던 지반이 생각보다 부실했다는 것을 깨닫게 된다면 '튼튼한 곳'으로 자리를 옮길 수도 있을 거예요. 혹 지금 마음대로 일이 풀리지 않아 속상한 시간을 보내고 있다면, 그리고 어떤 실패나 고난으로 인해 아파하고 있다면, 보다 튼튼한 지반 위로 인생이 옮겨 가는 시간이라고 기대해도 좋아요!

지금 당신이 발 딛고 서 있는 곳은

어디인가요?

작가의 말

주인공 열 명의 이야기를 글과 그림으로 담아내며, 그동안 상담자로 만났던 여러 청소년의 얼굴이 눈앞에 파노라마처럼 스쳐 지나갔어요. 물론 이 책 속 주인공들은 모두 가상의 인물들이에요. 하지만 열 명 모두 그동안 제가 만나서 이야기 나눴던 십대 친구들을 모델로 해서 각색한 인물들이기도 해요. 결국 이들 모두 우리 곁에 있는 친구, 형, 누나, 언니, 오빠, 동생들이라고 봐 주셔도 무방할 것 같아요. 이 책을 통해 '저마다의 고충'을 전하고 '서로의 진심'을 보여 줄 수 있다면 좋겠다는 바람을 가져 봅니다.

작업하는 동안 저의 십대 시절 기억도 새록새록 떠올랐어요. 겉으로는 모범생처럼 보였지만 안으로는 반항심과 일탈 욕구도 충만했던 그때, 낮은 자존감과 비교 속에서 나를 사랑하지 못했던 시간, 가장 가까워야 할 가족이 때론 가장 멀게 느껴졌던 시간, 오해가 겹겹이 쌓인 친구 관계 속에서 속상했던 시간, 사람들에게 내 모습 그대로 받아들여지지 않아 화나고 슬펐던 시간, 획일적인 학교가 싫어 아침에 눈 뜨는 것 자체가 고역이었던 시간, 입시 고민 등 미래에 대한 불안 속에서 헤맸던 시간 등 마냥 즐겁지만은 않았던 기억들도 많아요. 타임머신을 타고 돌아간다는 마음으로 그 시간과 기억들을 이 책에 조금이나마 풀어내 보려 했습니다.

지금도 그렇지만 십대 시절의 저는 늘 일기장에 제 생각과 감정을 끄적거리기를 좋아했어요. 제게는 글과 그림이 마음을 표출할 수 있는 가장 좋은 통로였던 것 같아요. 딱히 작가나 상담 전문가가 되길 꿈꿔 본 적은 없었지만 그 시절 확실한 꿈이 하나 있었다면 '따뜻하고 진실된 어른'이 되고 싶다는 거였어요. 그리고 '나중에 어른이 되면 나처럼 심적인 어려움을 겪는 후배 청소년들을 돕고 싶다'는 막연한 바람을 글로 쓴 적이 있어요. 그래서인지 그로부터 약 십몇 년이 지난 지금, 이렇게 청소년들을 위한 심리 그림에세이 책을 내게 된 것이 개인적으로 참 신기해요. 원고 작업을 하는 동안 자신감이 떨어져 중도에 포기하고 싶을 때마다, 그때의 다짐을 떠올리는 것이 큰 힘이 되었습니다.

외롭고 힘들었던 저의 청소년기처럼, 지금 비슷한 시간을 겪고 있는 친구들이 있다면 이 책이 조금이나마 진심을 담은 위로가 되어 마음에 가닿을 수 있기를 바라요. 그 모든 경험이 머잖은 미래에 누군가를 공감하고 위로하고 도전할 수 있게 하는 최고의 도구가 될 거예요. 한 계단씩 오늘의 몫을 꾸준히 살아 내고 있다면, 충분히 잘 가고 있는 거라고 어깨를 토닥여 드리고 싶어요!

마음을 그리는 상담가
웰시